东道国法律制度对中国企业对外直接投资成效的影响研究

瞿霞 著

Research on the Impact of
the Host State's Legal System on
the Effectiveness of Chinese Enterprises'
Outward Foreign Direct Investment

法律出版社
LAW PRESS·CHINA
北京

图书在版编目（CIP）数据

东道国法律制度对中国企业对外直接投资成效的影响研究／瞿霞著. -- 北京：法律出版社，2024. -- ISBN 978 -7 -5197 -9363 -0

Ⅰ. D910.4

中国国家版本馆 CIP 数据核字第 2024JC7661 号

东道国法律制度对中国企业对外直接投资成效的影响研究

DONGDAOGUO FALÜ ZHIDU DUI ZHONGGUO QIYE DUIWAI ZHIJIE TOUZI CHENGXIAO DE YINGXIANG YANJIU

瞿 霞 著

策划编辑 李争春
责任编辑 李争春
装帧设计 李 瞻

出版发行 法律出版社
编辑统筹 法规出版分社
责任校对 张红蕊
责任印制 耿润瑜
经 销 新华书店

开本 710 毫米×1000 毫米 1/16
印张 14 **字数** 182 千
版本 2024 年 8 月第 1 版
印次 2024 年 8 月第 1 次印刷
印刷 北京虎彩文化传播有限公司

地址：北京市丰台区莲花池西里 7 号（100073）
网址：www.lawpress.com.cn
投稿邮箱：info@lawpress.com.cn
举报盗版邮箱：jbwq@lawpress.com.cn

销售电话：010 - 83938349
客服电话：010 - 83938350
咨询电话：010 - 63939796

书号：ISBN 978 -7 -5197 -9363 -0
定价：78.00 元

凡购买本社图书，如有印装错误，我社负责退换。电话：010 - 83938349

前　言

自改革开放以来，中国国内经济快速发展，对外直接投资（Outward Foreign Direct Investment, OFDI）成果卓著。与此同时，中国企业对外投资过急、过快，也面临高失败率、低绩效的困境。其原因之一在于中国企业法律意识淡薄，特别是对东道国法律制度不了解、不重视。为此，深入分析东道国法律制度对中国企业对外直接投资成效的影响，从而扬其长避其短，对提高中国对外投资整体绩效具有重要的现实意义。

现有文献大多从投资动因、区位选择、进入模式、决定因素及条件等方面对 OFDI 进行研究，关于东道国法律制度对 OFDI 影响的研究尚不多见，而且在具体影响效果方面不同学者所持观点也不尽相同。此外，目前有关东道国制度对 OFDI 影响的研究基本上以企业同质性假设为基础，对企业微观因素对 OFDI 成效的影响鲜有涉及。为此，本书专门针对东道国的法律制度，分析其在企业异质性因素的调节作用下，在不同投资阶段对中国企业 OFDI 的影响效应。

在研究方法和结构安排上，本书首先运用文献分析法梳理相关理论文献，归纳总结中国企业 OFDI 的发展历程、现状及特征；接着运用案例分析法选取典型案例并解析中国企业对外投资的个案成效及其受东道国法律制度的影响情况；继而结合理论分析及实证分析方法，先依经济学理论就东道国法律制度对企业 OFDI 成效的影响机理进行剖析，再以中国上市公司 2010～2019 年 13 项对外直接投资数据为样本，对东道国法律制度影响中国企业 OFDI 成效进行实证检验；最后提出相应对策建议。

本书的研究结论如下：

首先，在中国企业对外直接投资的不同阶段，适用的东道国法律制度不同。在投资进入阶段，影响中国企业对外投资成效的东道国法律制度主要包括东道国的外资准入制度、国家安全审查制度、反垄断审查制度；在投资落地后经营阶段，关系中国企业投资成效的法律制度包括劳工权益法、环境保护法、知识产权法、数据保护法、出口管制法等。

其次，在相同的东道国法律制度背景下，不同中国企业的投资成效不尽相同。东道国法律制度并不独立发挥作用，特定企业对外投资的成效还受投资企业、投资标的、投资方式等多种异质性因素影响，具体包括投资主体的所有制性质、投资动因，目标公司所涉行业及领域、资产分布地区、市场占有率，以及具体投资方式包括交易架构、融资方式、整合方案等。

再次，投资进入及投资落地后经营两个阶段，对中国企业 OFDI 成效呈现不同的影响效应。在投资进入阶段，受外来者劣势（制度距离）的影响，东道国法律制度越健全，中国企业进入该国投资的成功率反而越低。在投资落地后经营阶段，东道国法律制度质量带来的正向效应同样适用于外资企业；东道国法律制度越健全，中国企业在该国投资的绩效越高。

最后，投资企业、投资标的、投资方式等方面的异质性因素，对东道国法律制度的影响效应起到调节作用。当东道国法律制度在投资进入阶段对企业 OFDI 起到负向效应时，企业异质性因素可以消解、弱化这一负向效应；当东道国法律制度在投资落地后经营阶段对企业OFDI起到正向效应时，企业异质性因素可以促进这一效应的有效发挥。

本书的主要贡献在于：第一，区分投资的不同阶段分析东道国法律制度对中国企业OFDI成效产生的不同影响机理及效果。具体而言，在投资进入阶段呈现负向的抑制效应，而在投资落地后经营阶段则呈现正向的促进效应。第二，从投资企业、投资标的和投资方式等方面全面梳理企业异质性因素，系统分析其在东道国法律制度影响OFDI成效过程中的调节作用，即在投资进入阶段弱化东道国法律制度的抑制效应，而在投资落地后经营阶段促进其正向效应的有效发挥。第三，分别从投资企业、投资标的和投资方式三个方面提出八项优化企业异质性的对策措施，以此调节东道国法律制度的影响效应、提高中国企业对外直接投资的成效。

目　录

引　言

一、研究背景与研究意义

（一）研究背景

自改革开放以来，中国经济快速发展，国内经济实力的提升、外汇储备的积累，催生了一大批中国企业到海外投资。中国对外直接投资发展迅猛，资本输出流量从 1990 年的 8.3 亿美元增至 2020 年的 1329.4 亿美元，增长约 160 倍；2020 年年底中国资本输出存量更是达到 23518 亿美元，仅次于美国和荷兰，成为名副其实的资本输出大国。在过去 40 多年里，中国日益增长的对外直接投资，在推进国内经济发展、促进产业结构升级、化解产能过剩、提升中国国际竞争力方面发挥了重要作用。近几年，为规范对外投资、限制非理性收购、减少外汇外流，国内监管机构收紧对外投资政策，中国对外投资有所放缓，但仍保持相当规模的资本输出。

在取得显著成绩的同时，中国企业对外投资过急、过快，也带来了巨大的对外投资风险，中国企业海外收购的高失败率、对外投资的低绩效，成为困扰中国企业对外投资的难题。究其原因，除了缺乏充分的前期调查、合理规划，收购后无法有效整合、统筹经营管理之外，很大一部分原因在于部分中国企业法律意识淡薄，忽视对外投资法律风险及法律制度，特别是对东道国法律制度不了解、不重视。而中国企业对外投资又集中在法制相对滞后的国家，因而面临更大的法律风险。不少企业因为无法通过东道国的外资安全审查或反垄断审查直接铩羽而归。另有一些企业在投资项目落地后，由于未能遵循东道国环境保护、劳工权益保护、数据保护、出口管制等方面的法律制度，不得不承受高昂的违规成本，大大降低对外投资的绩效。对外投资行为不合法或是投资落地后经营不合规直接导致投资失败的案例并不鲜见，值得中国企业高度重视。

从长远来看，中国企业对外投资仍是大势所趋，也是国内经济发展的必然要求。国内经济进一步发展将面临日益增大的资源和环境压力、劳动力成本压力，传统的劳动密集型、资源消耗型产业竞争力下降，中国经济已经过了凭借出口实现高速增长的黄金时期，整体经济发展增速将逐渐放缓。而通过对外直接投资，构建全球产业链，由“中国制造”向“中国的全球制造”转变，可以有效缓解国内资源压力、环境压力，提升中国企业利用全球资源的能力，进而提高中国企业的国际竞争力和话语权。可以预见，接下来中国企业对外直接投资将从“求量”向“求质”转变，进一步向纵深发展；提高投资绩效将成为中国对外直接投资的首要目标。

在此大背景下，从对外直接投资角度对东道国法律制度进行全面梳理、深入分析，系统研究东道国法律制度对中国对外投资成效的影响，据此提出相应的对策建议，对于帮助中国企业防范对外投资法律风险，改善对外投资实践，提高对外投资效益，具有重要的理论和实践意义。

（二）研究意义

在理论层面，东道国法律制度是影响企业对外直接投资最直接的制度因素。现有文献对于制度因素与对外直接投资关系的研究主要集中在制度因素影响 OFDI 的区位选择、母国与东道国制度距离（制度差异）对于 OFDI 的影响、OFDI 的法律风险防范、母国对外投资保护制度、国际规范对 OFDI 的影响等方面，尚无专门针对东道国法律制度对于 OFDI 影响的研究。本书拟从投资进入及投资落地后经营两个阶段，分析东道国法律制度对对外直接投资成效的影响机理，继而对东道国法律制度对 OFDI 的影响进行实证分析，这也是对制度因素与 OFDI 关系理论研究的一种补充。

在实践层面，中国是当前全球最大的资本输出国之一，近年来也位居对外直接投资失败率最高的国家之列。中国企业对外投资频频碰壁，究其原因，有欧美等地鼓吹“中国资源掠夺论”“中国新殖民主义”的缘故，直接原因在于东道国法律制度的阻碍。本书拟就东道国法律制度对中国企业对外直接投资的影响机理进行分析和实证研究，探索提高中国企业对外直接投资成功率的方法，对于防范东道国法律制度风险，维护中国企业对外投资权益具有突出的现实意义。

二、研究思路与研究方法

（一）研究思路

本书遵循案例分析—理论分析—实证分析—对策建议的研究思路，就东道国法律制度对中国企业 OFDI 成效的影响进行深入分析。具体研究思路及分析步骤如下。

首先，通过梳理国内外相关文献确定本书的研究方向及目标，在此基础上回顾中国企业 OFDI 的发展历程，分析其现状及特点，进而提出中国企业 OFDI 高失败率、低绩效的问题以及解决该问题的必要性。

其次，选取中国企业 OFDI 的代表性案例，分析中国企业 OFDI 产生不同成效的个案原因，以及其受东道国法律制度影响的共性特征。

再次，基于制度距离、制度质量及企业异质性 OFDI 理论，分析东道国法律制度在不同阶段对中国企业 OFDI 成效的影响机理以及企业异质性因素在此过程中的调节作用。

复次，以中国上市公司 OFDI 数据为样本进行实证分析，检验东道国法律制度对中国企业 OFDI 成效的影响效果以及企业异质性因素的调节效应。

最后，基于实证分析的结果，分别从微观及宏观两个层面提出减轻东道国法律制度不利影响、提高中国企业 OFDI 成效的对策建议，为中国企业 OFDI 实践提供参考和借鉴。

（二）研究方法

1. 案例分析法

了解中国企业对外直接投资成败的原因及其受东道国法律制度的影响，最直接的方法是调查研究典型案例。本书在梳理中国企业对外直接投资特征及趋势的基础上，选取中国企业对外直接投资十大典型案例深入研究，分析上述典型案例呈现的共性特征及经济规律，特别是从东道国法律制度的维度了解每个案例成功及失败的原因，为下一步理论研究及实证分析提供实例支撑。

2. 文献分析法

文献分析是经济学的基本研究方法。本书通过广泛阅读、分析、归纳国内外 OFDI 理论及东道国制度因素研究，发现现有文献的相关成果及不足。在此基础上，本书确定了该领域尚需补充研究的课题以及本书的研究方向，同时归纳总结相关经济学理论成果，包括制度距离、制度质量及企业异质性 OFDI 理论等，为进一步分析影响机理提供理论支撑。

3. 理论分析法

理论分析是实证分析的基础。在理论分析方面，本书首先借鉴制度距离（外来者劣势）理论及制度质量理论分析东道国法律制度在不同投资阶段对 OFDI 成效呈现的不同影响效应，进而以企业异质性 OFDI 理论为依据进一步分析企业异质性因素在不同阶段东道国法律制度影响 OFDI 成效过程中的调节作用，建构“东道国法律制度（影响）—企业异质性因素（调节）—企业投资成效（结果）”的理论框架，为下文的实证分析提供理论依据。

4. 实证分析法

实证研究是经济学另一常用分析方法。本书以 2010～2019 年中国上市公司对 37 个国家的 113 项对外直接投资数据为研究样本，分析东道国法律制度在不同阶段（投资进入阶段及投资落地后经营阶段）对中国企业投资成效的影响，本书综合采用了 OLS 回归模型、Logit 及 Probit 等多种模型得出实证分析结论：中国企业在进入东道国阶段以及投资落地后的经营阶段受东道国法律制度的不同影响，而且企业异质性因素在此过程中发挥着重要的调节作用。

三、研究内容及创新点

1. 研究内容

本书的主要研究内容是基于相关文献的梳理分析，归纳总结中国企业 OFDI 的发展历程、现状及特征，针对中国企业 OFDI 高失败率、低绩效的困境，通过典型案例解析中国企业对外投资的个案成效及其受东道国法律制度的影响情况，从中总结共性特征，继而依经济学理论就东道国法律制度对企业 OFDI 成效的影响机理进行分析。在此基础上，以中国上市公司 2010～2019 年 113 项对外直接投资数据为样本，就东道国法律制度对中国企业 OFDI 成效的影响进行实证分析。最后基于上述分析得出的结论，对减轻东道国法律制度对中国企业 OFDI 不利影响提供对策建议。

2. 创新点

对比现有文献，本书的创新点包括以下几个方面。

第一，区分两个阶段研究东道国法律制度对 OFDI 的影响机理及效果。现有文献对东道国制度对 OFDI 成效的影响所持观点各不相同。本书研究发现，之所以产生这样的观点冲突，是因为在不同阶段东道国制度基于不同的经济学原理将对 OFDI 成效产生不同的影响。为此，本书区分投资进入及投资落地后经营两个阶段，并针对这两个阶段分别援引不同的经济学理论，梳理各阶段适用的不同法律制度，适用不同的评价体系，建构不同的数学模型，分析东道国法律制度对 OFDI 的影响机理及其影响效果，以得出更加全面、客观的结论。

第二，拓展了东道国制度影响 OFDI 成效的理论研究。现有文献中有关东道国制度对 OFDI 影响的探讨，无论是对 OFDI 行为还是后果的影响研究，基本上是建立在企业同质性假设上的。企业作为实施对外直接投资行为的主体，对于投资成效具有决定性的作用；忽略企业微观因素探讨东道国法律制度的影响是不符合实际的。现有理论对于 OFDI 语境下的企业异质性因素缺乏系统研究，对其在东道国制度影响中的调节作用更是很少涉及。为此，本书从投资企业、投资标的和投资方式等方面全面梳理企业异质性因素，系统分析其在东道国法律制度影响 OFDI 成效过程中的调节效应，丰富了东道国制度影响 OFDI 的理论研究。

第三，从优化企业异质性角度提出系列对策建议。笔者基于多年的对外直接投资法律服务经验，立足于企业异质性因素，分别从投资企业、投资标的和投资方式三个方面提出与对外投资活动密切相关的八项优化企业异质性的建议，具体包括制订对外投资战略规划、完善投资企业公司治理、事先调查投资标的、制订投资方案及整合方案、加强海外子公司合规管理、重视交易文件的签订及履行、善用保险机制分担投资风险、发挥专业服务机构的保驾护航作用等，以此调节东道国法律制度的影响效应，实现提高中国企业对外直接投资成效的目的。

四、相关理论及文献评述

（一）相关概念界定

1. 对外直接投资

（1）对外直接投资的含义。

①对比外商直接投资。

从投资的不同立场角度来看，OFDI 是指站在投资母国及投资企业的立场，该母国企业对外国的直接投资。与之相对应的概念是外商直接投资（Inward Foreign Direct Investment，IFDI），是指站在投资东道国及目标公司的立场，外商进入该东道国的直接投资。

②对比对外间接投资。

从对投资对象的不同控制程度来看，OFDI 仅限于持有境外企业普通股、投票权达到 10% 以上（含 10%）或拥有相同地位控制权的对外投资。与之相对应的概念是与对外间接投资（outward foreign indirect investment，OFII），仅指投资主体通过购买股票或证券的方式进行投资以获得投资收入或资本收益，其对所投资的企业既不享有控制权或支配权，也不参与经营管理。

（2）对外直接投资的特征。

首先，对外直接投资，以企业经营组织的跨国界活动为基础，无论是投资主体、客体还是投资行为，都具有跨国性的特点。对外直接投资受到东道国和母国法律制度的双重约束，由于母国与东道国各方面的差异，对外直接投资往往面临更大的难度和法律风险。

其次，对外直接投资，还呈现实体性、控制性、转移性的特征。对外直接投资要求投资主体在海外拥有企业实体，通过新设或收购获取东道国企业的控制权，对外直接投资不仅限于货币资金的转移，而是将产品、技术、经营管理、企业文化等转移、渗透至东道国。

（3）对外直接投资的方式。

绿地投资与跨境收购是对外直接投资的两种主要方式。二者的含义及联系如下。

①绿地投资。

绿地投资又称新设投资，是指对外投资主体通过在东道国境内新设企业，获得该企业全部或部分资产所有权的投资方式。绿地投资通常会给东道国带来新的就业机会，较受东道国欢迎，受到当地法律限制相对较少。因此，各国在对外直接投资的最初阶段，通常会采用绿地投资的形式。

②跨境收购。

跨境收购也称褐地投资，是指外国投资者通过特定方式和程序（如收购或认购股权）取得东道国现有企业的全部或部分股权或资产的直接投资。

相比绿地投资，跨境收购能够帮助外国投资者以更快的速度获取东道国的能源、市场、技术以及经营管理经验等稀缺资源，从而增强企业的综合实力和核心竞争力。随着对外直接投资的不断深入，绿地投资不再是对外投资方式的主流，越来越多的企业尝试以跨境收购的方式进入东道国。跨境收购逐渐成为对外直接投资的主要方式。

③绿地投资与跨境收购的联系。

跨境收购通常可以划分为投资进入及投资落地后长期经营两个阶段。跨境收购与绿地投资的不同主要体现在第一阶段。就第二阶段而言，跨境收购完成后，收购所得的海外子公司与通过绿地投资新设的海外子公司，受东道国法律制度的监管基本相同，其绩效受东道国法律制度影响的情况大同小异。因此在后续实证分析部分，本书不再将绿地投资作为单独的样本进行分析，而是以跨境收购的两个阶段来代表绿地投资和跨境收购两种方式。

2. 对外直接投资成效

关于对外直接投资成效的评价包括国家整体和企业个体两个层面（徐新华，2020；褚晓等，2022），本书侧重对企业个体投资成效的评价。就企业个体层面而言，现有文献对于企业“对外直接投资成效”尚无确定的定义，亦无统一的评价体系或衡量标准；但现有研究较为一致的观点是，对外直接投资“成效”在投资的不同阶段具有不同的含义及判断依据。

（1）投资进入阶段以“是否完成”为判断依据。

在投资进入阶段，判断对外直接投资成效的依据较为直观。投资成效被部分学者直接解释为投资进入的成功率，以企业对外直接投资能否顺利进入东道国作为衡量标准（沈坤荣和金刚，2018；董芳和王林彬，2021；袁保生和王林彬，2021）。以跨境收购为例，在投资进入阶段的成功情形，专指企业按照收购意愿最终成功收购东道国目标公司的股权或资产，并顺利完成交割。在投资进入阶段的失败情形，不仅包括企业向东道国审查部门申报后被其直接“否决”的情况，也包括审查部门借故延长审限导致收购成本激增，企业权衡利弊后主动“撤回”的情形。

（2）投资落地后经营阶段以“是否获得预期绩效”为判断依据。

企业无论以绿地投资还是以跨境收购的形式进入东道国，一旦投资落地进入长期经营阶段，判断该项投资成效主要以是否获得预期绩效为依据。尽管现有研究对于企业对外投资落地后的经营绩效尚无统一的评价体系，但实践中通常以投资前后的企业财务指标对比情况为衡量标准，而这些财务指标主要集中于企业总资产收益率、利润率、生产率以及主营业务收入增长率等财务数据（倪中新等，2014；宋林等，2019）。通常而言，投资落地后一段时间的企业综合财务数据对比投资前获得了增长则视为绩效提升，否则为绩效下降。

（3）对投资成效的界定。

就企业投资成效而言，本书区分投资进入阶段以及投资落地后经营阶段，分别适用不同的衡量标准。对于投资进入阶段的成效评价相对简单，投资获准进入东道国即为成功，反之则为失败；而对于投资落地后经营阶段的成效评价则以企业投资前后一段时间的综合财务指标对比为衡量依据，综合财务指数提升则为成功，反之则为失败。

3. 东道国法律制度

（1）制度及法律制度。

新制度经济学对制度的定义包含两个方面：一是制度源于人类生产生活习惯的积累，二是制度体现为约束人们行为的一系列规则。法律制度作为规范制度的一种，是调整特定社会关系的法律规范的总称，本质上的目的和作用在于调整社会关系。法律制度是一个国家（地区）范围内所有法律原则和规则的总称，也是政治、经济、社会等其他制度法律化的结果和产物。与其他制度相比，法律制度在形式上更为具体、明确、系统、权威，涉及社会生活的方方面面。由此可见，法律制度是一国重要政治、经济、社会制度的集中体现，因而也是研究一国制度环境的重点。

（2）与 OFDI 相关的法律制度。

①母国法律制度。

母国与 OFDI 相关的法律制度，包括 OFDI 的管理促进及保护制度，通过这些制度实现规范、鼓励或保护本国企业对外直接投资的目的。其中，管理制度包括对外投资审批制度、外汇管理制度；促进制度包括对外援助制度、对外投资税收优惠制度；保护制度包括对外投资保险制度、信息服务制度等。

②东道国法律制度。

东道国与外商投资相关的法律制度主要集中在东道国市场准入、国家安全、市场竞争、产业政策等领域。此外，东道国有关企业合规经营的法律制度对于外商投资也有重要影响。对外直接投资能否落地、在东道国投资后能否正常经营以获得预期收益，取决于东道国的制度环境特别是法律制度，因而东道国法律制度对于 OFDI 的影响更加直接。

③国际投资法规（双边或多边条约）。

国际投资法规，是两国或多国之间为保护、促进国际投资而签订的协定，包括双边投资保护协定（BIT）以及多边投资协定（MAI），与 OFDI 有关的双边投资保护协定又包括双边投资保证协定、双边税收协定。企业对外直接投资发生风险时，如东道国政府对外商投资项目实施国有化或征收征用，投资企业在境外可以依据母国与东道国签订的双边投资保护协定寻求救济。目前与 OFDI 关系密切的多边投资协定包括《关于解决国家和他国国民之间投资争端公约》（又称《华盛顿公约》）及《多边投资担保机构公约》（又称《汉城公约》）。中国于 1990 年、1988 年签署了这两项公约。

（3）与 OFDI 相关的东道国法律制度。

据影响对外投资的不同阶段和环节，可将与对外直接投资相关的东道国法律制度分为以下两类。

①对外投资进入合法性制度。

这类法律制度主要包括外资准入制度、国家安全审查制度、反垄断审查制度。

外资准入制度，是指东道国对外资进入本国市场从事经营活动所作出的限制和规范，具体包括对外商投资范围的规制以及外资准入的审批制度。

国家安全审查制度，是指东道国为保障本国安全利益，对可能威胁国家安全的外商投资进行审查，并视必要程度采取限制性措施以消除威胁的法律制度。

反垄断审查制度并非只针对外资，而适用于东道国范围内经营业务的所有经营者集中交易。收购者与被收购者合并计算的营业额一旦达到东道国设定的申报标准，就必须接受反垄断审查。

此外，如果跨境收购的目标公司为上市公司，还需接受上市所在地证券管理部门或交易所的监管，遵循当地的证券法律制度。

②投资落地后经营合规性制度。

这些法律制度适用于东道国内所有经营实体，并非专为外资制定，关系外商投资落地后能否依据东道国法律合法合规经营并实现预期效益。这类法律制度包括劳工权益法律制度、环境保护法律制度、知识产权法律制度、信息安全及隐私保护制度、出口管制法律制度。西方发达国家在劳工权益保护、环境保护、知识产权保护及数据隐私保护等方面制定的法律制度比较严格，需要特别关注。

（二）OFDI 理论

1. 国外 OFDI 理论研究

发达国家是最早进行对外直接投资的国家，对外直接投资理论最早也起源于西方发达国家。随着发展中国家对外投资的发展，针对发展中国家的 OFDI 理论研究也逐渐兴起。其中较有影响力的理论包括垄断优势理论、内部化理论、国际生产折中理论等。

（1）垄断优势理论（Hymer，1960）认为对外直接投资的直接诱因是希望凭借生产要素的独占优势和在东道国不完全竞争环境中的垄断地位获取超额利润。“产品差异”以及良好的组织机构和经营管理能力都是跨国公司垄断优势的来源，而竞争对手的效仿行为也会抵消垄断企业的垄断优势。

（2）内部化理论（Buckley and Casson，1976）认为企业对外直接投资的真正动因在于通过内部的组织管理体系，以公司内部交易取代外部市场公开交易，实现利润最大化目标、维持企业的垄断优势。该理论不仅适用于发达国家对外投资，也适用于发展中国家对外投资。

（3）国际生产折中理论（Dunning，1977）认为所有权、区位及内部化这三种优势是跨国公司对外直接投资的必备要件，该理论综合考虑了对外直接投资的能力、条件和目的，适用于不同类型、不同发展阶段国家的对外直接投资行为。

（4）小规模技术理论（Wells，1977）是最早针对发展中国家的对外直接投资理论研究，认为发展中国家企业拥有劳动力、原材料及管理成本等低价竞争优势，也可以通过对外直接投资参与国际竞争。

（5）技术创新产业升级理论（Cantwell and Tolentino，1990）进一步研究发现，随着国内技术水平的不断累积，发展中国家对外直接投资的投资区位和投资产业都呈现了新的发展趋势。

除了上述基于国家宏观角度对 OFDI 的理论研究，还有学者进一步关注到企业微观因素在 OFDI 中也发挥着重要作用。其中，最典型的就是企业异质性理论。

（6）企业异质性 OFDI 理论（Helpman et al.，2004）在借鉴新贸易理论（Melitz，2003）的基础上，将企业异质性理论引入对外直接投资领域，认为企业生产率的异质性将决定企业国际化的方式，具体而言，生产率较高的企业会选择对外直接投资，生产率较低的企业则选择出口或服务国内市场。这一结论得到了发达国家（Eaton et al.，2004；Girma et al.，2005；Bernard et al.，2006）及发展中国家（Damijan et al.，2007；Aw and Lee，2008；田巍和余淼杰，2012；王方方和赵永亮，2012）数据的验证。还有研究将企业异质性分析进一步延伸至劳动密集度领域，验证了企业内部劳动密集度异质性对 OFDI 区位选择的影响（Hong，2009；孙乾坤，2021）。在企业异质性 OFDI 理论提出之前，OFDI 的研究均基于企业同质化的假设，忽略了对外直接投资企业间的微观差异。企业异质性 OFDI 理论突破了企业同质性的假设，发现企业间的差异对于其对外直接投资决策及效果均产生重要影响。

2. 中国 OFDI 理论研究

中国作为全球最大的资本输出国之一，其对外直接投资也引起了国内外学者的高度关注。目前国内 OFDI 理论研究主要集中在以下几个方面。

（1）关于中国 OFDI 的动因研究。

国内外学者研究发现，中国对外直接投资的企业数量众多，投资的动因也有明显差异。以 Kolstad 和 Wiig（2012）、吴先明和黄春桃（2016）为代表的学者研究发现，中国企业 OFDI 的主要动因在于寻求资源和市场。筑波昌之（2006）认为中国除传统的寻求资源动因外，以获取品牌、技术、销售网络、管理经验为动因的投资也在不断增加。吴建祖和郑秋虾（2020）、石琳琳和常志有（2021）、任康钰和刘婷（2022）等学者研究发现中国企业在不同地区投资的动因呈现不同的特点。例如，在欧盟成员国的投资主要以获取创新资产或"真实选择权"为动因，而对"一带一路"沿线国家以及 RCEP 成员的投资主要受自然资源寻求和市场寻求的驱动。

（2）关于中国 OFDI 的区位选择。

Morck R. 等（2008）分析发现中国企业 80% 以上的对外投资分布在经济落后的非洲、东南亚等发展中国家。邓宁（2006）认为，中国企业对外直接投资区位选择集中在美国、加拿大、澳大利亚等与中国文化及地理距离较大的发达国家，阎大颖（2013）、杨娇辉等（2016）、叶亚杰（2017）、王金波（2019）、张倩等（2019）、田晖等（2019）、庄序莹等（2020）、周杰琦和夏南新（2021）等学者认为中国企业 OFDI 区位选择将受到双边政治关系，东道国的发展水平、市场容量、用工成本、资源禀赋、制度质量、制度距离、外资开放度、税收环境、投资便利化等因素的显著影响。

（3）关于中国 OFDI 的进入模式。

刘宏和汪段泳（2010）、颜凌芳等（2011）研究发现，收购已成为中国企业 OFDI 的主要方式，特别是在加入 WTO 之后，中国企业跨国收购无论是次数还是收购金额都有较大发展。Cui 和 Jiang（2012）分析认为中国企业选择合资的进入模式更加有利。罗鹏和秦泗霞（2019）则认为生产率较高的中国企业更可能选择绿地投资，反之则倾向于跨国收购。蒋冠宏和曾靓（2020）进一步研究发现，中国企业对外直接投资模式受融资约束的影响，具备较强融资能力的企业倾向于跨国收购，反之则选择绿地投资。

（4）关于中国 OFDI 行为的影响因素。

对中国 OFDI 影响因素的研究包括两类：一是对 OFDI 行为的影响因素研究；二是对 OFDI 成效的影响因素研究。

中国企业的 OFDI 行为受诸多因素的影响。阎大颖（2013）、李诗和吴超鹏（2016）、林良沛和揭筱纹（2017）、王颖等（2018）、邓富华等（2019）、刘玉明等（2019）、吴俊等（2020）、何俊勇等（2021）研究发现，东道国政治稳定度、技术水平、自然资源、市场规模、劳工成本、工会密度、基础设施、政府效率、腐败控制、营商环境、制度质量、制度距离、传统偏见、投资便利化程度、对外开放程度、国民诚信度及其与中国的外交关系等都会影响中国企业对外投资行为。

目前有关中国企业对外投资行为影响因素研究很大一部分集中在制度方面，包括母国及东道国制度。以 Wang C. 等（2012）、姜广省和李维安（2016）、严兵和郭少宇（2018）、文淑惠和胡琼（2019）、吕越（2019）为代表的学者分析认为，中国的制度及政策因素在中国企业对外直接投资中起到了重要的促进作用。冀相豹（2014）研究发现东道国制度对中国 OFDI 的影响各有差异，中国企业总体倾向于到制度距离大的东道国投资。彭冬冬和林红（2018）则认为东道国制度质量影响中国 OFDI 的区位选择，中国对外投资倾向于流入制度质量较低的东道国。

由此可见，已有理论研究已经认识到母国及东道国制度因素对于中国企业对外直接投资的显著影响，但未就制度因素作进一步细分，也未就每一类制度因素对 OFDI 的影响机制、影响程度深入分析，有待完善和补充。

（5）关于中国 OFDI 的企业异质性分析。

田巍和余淼杰（2012）、王方方和赵永亮（2012）以浙江省、广东省企业（以制造业为主）数据为样本，研究发现生产率越高的企业对外直接投资的概率和规模都越大，验证了 Helpman et al. 的企业异质性 OFDI 理论。

周茂等（2015）、蒋冠宏和蒋殿春（2017）、高菠阳等（2019）、崔远淼和沈璐敏（2020）进一步分析认为生产率越高、资本密集度越高、资产规模越大、负债率越低、管理能力越强、出口经验越丰富的中国企业，对外直接投资越倾向跨境收购模式。陈景华（2014）、李磊等（2017）发现企业异质性 OFDI 理论同样适用从事服务业的中国企业，企业生产率、人力资本及资本密集度越高，企业成立越久，对外直接投资概率越高，而且对外直接投资规模与企业规模及其跨国经验成正比。金中坤和潘镇（2019）、赵云辉等（2020）基于中国企业对外直接投资相关数据，分析认为企业在生产率及国际投资经验方面的异质性，能有效弱化东道国制度环境等因素对企业对外直接投资的约束或消极影响。

由此可见，国内有关企业异质性对外直接投资的研究已进一步深入，将企业异质性从生产效率进一步扩展到企业规模、资本密集度、财务状况、所有权性质、管理能力、研发能力等方面。但有关企业异质性的研究尚未涉及对外直接投资绩效领域。

（三）OFDI 成效的理论研究

目前有关 OFDI 成效的理论研究包括两个方面：一是评价 OFDI 成效的依据，二是影响 OFDI 成效的主要因素。

1. OFDI成效的评价标准研究

如前文所述，对投资成效的评价在投资进入阶段及投资落地后经营阶段分别适用不同的标准，这也是国内外多数学者的共识。

（1）投资进入阶段的投资成效评价标准研究。

在投资进入阶段，国内外学者对于对外直接投资成效的定义和标准相对一致，主要对应投资进入的成功率。以跨境收购为例，基本上以收购交易本身能否顺利完成作为判断标准。持有该观点的学者包括张建红和周朝鸿（2010），其将跨境收购的成效定义为收购意图的实现。王长征（2002）以最后的清算或业务单位的出售为收购完成的标志。沈坤荣和金刚（2018）、袁保生和王林彬（2021）等学者也以能否进入东道国进行投资为投资成功的直观判断标准。

（2）投资落地后经营阶段的投资成效评价标准研究。

在投资落地后的经营阶段，对于投资成效的判断标准不同学者所持观点略有不同，但多数以投资落地后经营是否达到预期目标为判断标准（Rankine and Howson，2019），尤其是以投资落地后一段时间内能否获得企业相关财务指标的增长为判断依据（Joseph C. Krallinger，2002）。就具体财务指标的选择而言，众多学者基于多个角度建立了相对全面的评价指标体系。Yang等（2013）分别以企业会计指标及市场指标（如托宾Q值）为评价企业短期及长期绩效的依据。杨连星等（2021）将企业总资产收益率（ROA）以及主营业务收入增长率（MBI）作为衡量企业投资利润率的重要指数。刘晓丹和衣长军（2017）则综合考虑企业总资产收益率、利润率、全要素生产率（TFP）来判断企业的投资绩效。蒋冠宏与蒋殿春（2017）将企业生产率作为评价工业企业对外投资绩效的重点。沙文兵（2012）、陈菲琼（2013）、毛其淋（2014）等则进一步将企业技术创新能力引入企业投资绩效的指标体系。

2. OFDI成效的影响因素研究

国内外学者通过研究发现，无论是东道国的经济发展水平、政治风险、市场需求、投资便利以及地理、文化、制度等多维距离，还是母国政府的政策支持、投资导向，投资主体的投资动因、投资模式、财务状况、认知合法性、对外扩张速度、国际化经营程度、技术研发水平，都对企业对外投资成效产生重要影响。而各种因素的影响效果也不尽相同。

（1）东道国因素的影响。

在东道国因素方面，唐有川（2021）等学者认为东道国市场需求、投资便利等因素能够显著改善中国企业在当地的投资绩效。而杜晓君等（2022）、蔡灵莎等（2015）研究发现东道国政治风险、制度距离（外来者劣势）对中国企业对外直接投资绩效存在显著负作用。张吉鹏等（2020）进一步分析认为，不同方向的制度与经济距离对投资绩效的影响各有差异。正向制度与经济距离降低了中国企业的投资绩效，而负向制度与经济距离对投资绩效的影响并不显著。杨勇等（2018）则认为文化距离对中国 OFDI 企业经营绩效呈倒 U 形影响，适度范围内的文化距离有助于提升中国 OFDI 绩效，但若超过一定范围则会抑制企业对外投资绩效的增长。

（2）母国政府因素的影响。

在母国因素方面，刘美玲和王佳（2020），以“一带一路”沿线国家投资为例，研究发现母国的政策支持对投资绩效的影响因支持政策的类别而异。其中，体制倾斜、财政支持及创新支持对投资绩效存在明显的促进作用，而人才支持对投资绩效没有直接影响。吴冰等（2017）研究发现，母国政府的区域导向有助于提高企业的对外投资绩效，但市场地位导向对企业投资绩效的影响并不显著。

（3）企业微观因素的影响。

依据企业异质性 OFDI 理论，企业生产率等异质性对于企业对外直接投资具有决定性的作用，特别是当面对东道国制度环境的消极影响时，企业异质性能够起到显著的弱化作用（朱荃和张天华，2017；金中坤和潘镇，2019；赵云辉，2020）。此外，还有一些理论研究尽管未以企业异质性作为研究变量，但均认可企业微观差异因素在对外直接投资中的重要影响。例如，周燕和郑涵钰（2019）、杨亚平和杨姣（2020）、王孝钰和郝莉莉（2021）等学者研究发现企业的劳动力密集程度、知识合法性、对外扩张速度能够显著促进对外投资回报率。就投资模式而言，张海波和李彦哲（2020）研究发现企业采取独资模式相比合资模式，能够获得更高的投资回报。

（四）东道国法律制度对 OFDI 的影响研究

以诺斯（North）、斯科特（Scott）为代表的新制度经济学派首次明确制度对于经济活动的重要性，认为制度的意义在于建立一种稳定性和确定性，给经济活动的收益建立可靠的预期。在制度因素影响对外直接投资方面，Mike W. Peng 等（2008）认为制度是影响企业制定、实施国际化战略的重要因素。

现有文献主要从东道国宏观制度环境以及微观法律制度两个角度研究东道国法律制度对中国企业 OFDI 的影响，形成如下研究成果。

1. 东道国宏观制度环境角度

基于东道国宏观制度环境，学者分别从制度质量及制度距离（外来者劣势）出发分析其对 OFDI 的影响，形成两种不同的观点。

（1）制度质量的角度。

多数学者认可东道国制度与中国对外直接投资的密切关联。张建红和周朝鸿（2010）、吴先明（2011）、曲智和杨碧琴（2017）、王培志等（2018）、王金波（2019）、邱龙宇（2020）分析认为，东道国制度将影响企业的对外直接投资区位选择、进入模式乃至国际化成效。就影响效果而言，邓明（2012）、王金波（2018）认为东道国的制度质量对中国 OFDI 的区位选择有正向作用，因为良好的东道国制度环境可以减少对外投资的额外成本和不确定性。

（2）制度距离（外来者劣势）的角度。

所谓外来者劣势，是指企业在对外直接投资过程中，由于不熟悉东道国环境、外部关系缺失、内部差异冲突、面临歧视等，需要承担额外的危害和投资成本。体现在制度层面，东道国制度距离将导致外国投资者的“合法性缺失”，从而加剧外来者劣势。朱华（2018）、赵君丽和童非（2020）认为外来者劣势对中国企业跨境收购绩效产生显著的负面影响。邓明（2012）、阎大颖（2011）、杨利红和袁鸿超（2021）等人分析认为东道国正式及非正式制度距离均对中国企业海外收购成功率有显著负面影响。刘双芹和李敏燕（2018）、刘振林和黄凯（2019）研究发现东道国的法律与经济制度距离、规范性与管制性制度距离对中国企业 OFDI 分别呈现不同的影响效应。

2. 东道国微观法律制度角度

现有文献从东道国微观法律制度角度对 OFDI 影响的研究可分为以下两类。

（1）东道国整体法律制度对 OFDI 的影响。

东道国法律制度通常作为影响 OFDI 的一类制度因素获得关注。Mishra 和 Daly（2007）分析认为追求较好的制度环境（包括法制环境）是对外直接投资的重要动机。邓明（2012）研究发现，发展中国家良好的经济和法律制度对中国资本有较大的吸引力，但发达国家的这种引力不明显。谢孟军和郭艳茹（2013）认为东道国的法律制度质量对中国 OFDI 区位选择具有重要影响。还有一些学者尝试以东道国投资风险视角分析东道国制度对 OFDI 的影响，如东道国风险与 OFDI 关系、东道国风险测度、预警与防范等。张晓权（2019）认为东道国法律制度风险为中国企业对外直接投资带来不稳定性，从而直接影响对外投资企业的运营成本和绩效。

（2）东道国细分法律制度对 OFDI 的影响。

在细分法律制度方面，现有研究主要集中于东道国外资准入制度

（投资壁垒）及安全审查制度对 OFDI 的影响领域。多数研究表明，东道国外商直接投资法律法规对于 OFDI 存量及流量具有直接的影响。Holger Gorg 等（2010）分析认为东道国为吸引外商直接投资，应放宽外资所有权的限制。Harding 和 Javorcik（2011）研究发现对于行政管理烦琐和信息不对称的发展中国家，实行投资促进政策对外商直接投资的流入具有显著的正向作用。Ghosh 等（2012）、张亚斌（2016）指出东道国减少外商直接投资壁垒的存量。能够显著增加中国投资资金的流入。黄奇（2017）、廖凡（2019）、宋瑞琛（2020）等分别考察加拿大、欧盟成员国、美国等的外资安全审查制度，分析其对中国企业在当地投资成效的影响。

现有研究已证明东道国法律制度会影响企业的对外直接投资成效。然而，即便在相同的东道国法律制度下，不同企业的不同投资项目，其投资成功率也不尽相同。主要原因在于，在东道国法律制度确定的情况下，外国企业在该国的投资成效还受其他诸多因素的影响；特别是企业作为对外直接投资活动的实施主体，其在所有权性质、国际化经验、治理水平、市场占有率等方面的差异化因素（投资主体异质性）以及选定的投资标的差异化因素（投资标的异质性）、选取的投资方式差异化因素（投资方式异质性），都会影响其对外直接投资的成效。上述差异性因素如何发挥作用，如何在既定的东道国法律制度下，有效调整并配合，最大限度提高对外直接投资的成功率，还是一个有待研究的问题。

（五）文献评述

1. 主流 OFDI 理论的核心在于研究 OFDI 的动因和条件

无论是发达国家 OFDI 理论还是发展中国家 OFDI 理论，都侧重解释对外直接投资的动因、决定因素和条件。发达国家 OFDI 理论普遍认为对外直接投资的直接诱因在于通过对外投资获得在东道国的比较竞争优势进而获取超额利润，发展中国家 OFDI 理论重点研究发展中国家作为投资母国区别于发达国家的竞争优势，以及其随着在对外直接投资领域及区位方面的趋势变化。有关中国 OFDI 的理论研究，则主要集中在投资动因、区位选择、进入模式以及投资行为影响因素方面。综观主流 OFDI 理论研究，有关 OFDI 的影响因素，特别是制度影响因素的研究较少，从法律制度视角分析其对 OFDI 影响的文献更是少见。

2. 现有文献中关于 OFDI 的制度影响因素研究很少涉及东道国法律制度，而且正、负向影响的观点不一致

目前有关制度因素对 OFDI 的影响，多见于东道国制度环境、制度质量及其与母国之间的制度距离对 OFDI 的影响。现有研究普遍认为东道国制度质量将直接或间接影响企业 OFDI 的区位选择、进入模式及投资绩效，在正、负向影响方面不同学者所持观点不尽相同。持正向影响观点的研究主要是基于东道国制度质量能够减少对外投资的额外成本和不确定性的考虑，而持负向影响观点的理论则以外来者劣势为依据。目前有关制度因素的研究也主要集中在东道国政治制度、政权稳定、外商投资政策、营商环境等领域；东道国法律制度仅作为制度影响因素的一种受到关注，缺乏系统分析。

3. 目前尚无从东道国细分法律制度视角对 OFDI 影响的系统研究

现有文献中有关东道国法律制度对 OFDI 的影响研究总体较少且专注于宏观法律制度分析。其中有关东道国微观（细分）法律制度对 OFDI 的影响，则主要集中在东道国投资壁垒领域以及个别国家的国家安全审查制度方面。关于反垄断审查、证券法以及合法合规经营所需遵循的东道国其他重要法律制度，以及其对于企业对外直接投资成效影响分析，还是一个有待深入研究的课题。

4. 现有文献对于东道国法律制度影响 OFDI 成效的调节因素研究较少

东道国法律制度对企业 OFDI 成效的影响程度取决于投资企业、投

资标的、投资方式等各方面的差异因素（异质性）。主流 OFDI 理论主要以企业同质性假设为基础，直至21 世纪才开始关注企业微观因素在 OFDI 中的作用，而且目前有关企业异质性 OFDI 的分析也主要围绕企业生产率这一因素展开。偶有学者关注到国际经验、劳动密集度等其他异质性因素，但对于这些因素如何影响东道国法律制度的适用、如何克服东道国法律制度的约束等问题，尚无系统研究和分析。

综上可知，现有文献有关对外直接投资及其与制度因素关系的研究主要集中对外直接投资动因及条件、东道国制度质量及其与母国的制度距离的影响、东道国投资壁垒的影响等方面。不同学者对于东道国制度因素对 OFDI 成效的正、负向影响也各执一词，针对东道国法律制度对 OFDI 的影响缺乏全面、系统的研究，对于投资企业、投资标的、投资方式等异质性因素在克服东道国法律制度障碍方面也缺乏系统分析。

第一章　中国企业 OFDI 发展历程、现状及特点

当中国开始对外投资时，全球对外直接投资已有近400 年的历史。如今，对外直接投资已成为最重要的国际经贸活动之一。截至 2020 年年底，全球对外直接投资存量已达 39.25 万亿美元，投资趋势及特点也呈现新的变化：在投资主体方面，发达国家及发展中国家各占对外投资总额的 2/3 及 1/3；从投资目的地来看，发展中国家吸引外资总额几乎与发达国家齐平；从投资方式来看，跨境收购与绿地投资成为对外直接投资的两大方式；从行业分布来看，服务业与制造业成为吸引对外投资的主要领域。相对而言，中国对外直接投资的发展，既顺应全球对外直接投资趋势，又保留了自身的特色。

第一节　中国企业 OFDI 发展历程及各阶段投资成效

中国对外直接投资起步较晚，但发展迅速。自改革开放以来，相继经历了探索起步、曲折发展、稳步推进、快速增长和结构调整五个阶段，各阶段的投资成效

也不尽相同。

一、探索起步期（1979~1991 年）

1979 年，中国企业北京外企服务集团改革开放后首次在海外开办合资公司，标志着中国正式开启对外直接投资之路。此后，以中信集团、中银集团、中化集团、首钢集团为代表的国有企业，逐渐探索并实施对外投资。1983 年，国务院下放对外直接投资的审核权限并授权原对外经济贸易部制定对外投资管理规范，作为中国企业对外直接投资的指引。

1979~1991 年，中国对外投资总额累计 10.59 亿美元，仅为全球 OFDI 存量的 0.5%，投资主体以少数央企、国企为主，投资目的地以发展中国家为主。这一阶段属于中国企业对外投资的谨慎探索阶段，投资规模有限，对于企业绩效没有发挥明显的促进作用，也没有出现重大亏损的案例。

二、曲折发展期（1992~2001 年）

自 1992 年起，原国家经济贸易委员会等相关部门出台了一系列促进对外投资的政策法规，中国对外直接投资迎来第一波热潮。此后，受亚洲金融危机的冲击，中国企业对外直接投资趋于谨慎。

截至 2000 年年底，中国对外投资存量达 76 亿美元，比前一阶段提高了近 36 倍，投资主体仍以实力雄厚的大型国企为主，投资目的地以亚洲地区为主，投资行业以中国企业熟悉的制造业、采矿业、批发零售业、商务服务业及建筑业为主。总体看来，这一阶段尽管经历动荡，但中国对外直接投资无论从投资规模还是国际化、专业化程度上看，都有了大幅提升，企业对外投资绩效相对平稳。

三、稳步推进期（2002~2007 年）

2001 年，中国加入世界贸易组织，国家第十个五年规划正式确立

“走出去”发展战略。商务部、国家发展和改革委员会等主管部门相继调整对外投资政策，中国企业对外投资迈进了一个新的里程碑。

2007 年，中国对外直接投资流量达 265.1 亿美元，相比 2002 年增长近 10 倍。这一阶段的投资主体仍以大型国有企业为主，但比重有所下降；投资目的地集中在亚洲和拉丁美洲地区，尤其是英属维尔京群岛（BVI）、开曼等“避税圣地”；投资领域呈现多元化趋势，服务业比重已超半数；投资方式仍以绿地投资为主，但海外收购成为中国企业对外投资的新兴模式。这一期间中国企业对外投资快速发展，成效显著，但也不乏失败的案例。以中国海洋石油总公司（以下简称中海油）、华为海外收购为例，因为对东道国外资审查制度不熟悉，收购计划以失败告终。

四、快速增长期（2008～2016 年）

2008 年金融危机为中国对外直接投资带来新机遇：欧美发达国家企业资产大幅贬值，吸引中国企业出海“抄底”；欧美国家为尽快恢复经济，也放宽了外资准入政策。中国企业对外投资借机逆势而上，进入快速增长期。

2008～2016 年，中国对外投资流量年均增速为 27.74%，2016 年达到 1961 亿美元，位列全球第二。从投资主体来看，民营企业比重明显提升，在中国非金融类 OFDI 存量中已占 49.6%。从区位分布来看，受欧美国家企业资产贬值的吸引，中国投向欧美发达国家的比重上升至 14%（约为 2007 年的 3 倍）。从行业分布来看，除传统投资领域外，中国企业对非主营业务领域的对外投资明显增加。在投资方式上，为了快速进入东道国获取目标资源，越来越多的企业选择跨境投资的投资方式。总体而言，这一阶段中国对外投资在飞速发展的同时也伴随着诸多“不理性”投资现象，其中不乏被东道国政府否决的案例，这成为触发中国政府收紧对外投资政策的诱因之一。

五、结构调整期（2017~2020 年）

自 2014 年起，基于多重原因，中国外汇储备在不到 3 年的时间里缩水 1/4。为减少外汇外流、规范对外投资、限制非理性收购，自 2016 年年底开始，中国对外投资监管部门出台收紧对外投资的政策，中国企业对外投资瞬间降温。

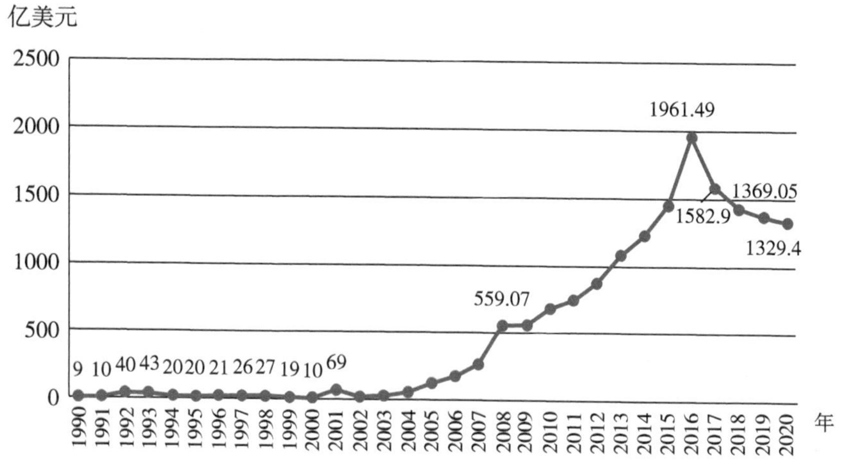

图 1-1　1990~2020 年中国对外直接投资流量

资料来源：依联合国贸易和发展会议公布的 1990~2020 年对外直接投资资本输出流量表整理。

2017 年，中国企业对外直接投资自 2002 年以来首次负增长，同比下降 19.3%（见图 1-1）。此后的 3 年，中国对外直接投资仍以年均 5.61% 的幅度递减。2019 年，中国对外直接投资额为 1369.05 亿美元，仅为日本的 60.4%。

不过在国际产能合作和“一带一路”倡议的推动下，中国对外直接投资仍保持相当的规模，对外投资结构也呈现与以往不同的新特点。这一阶段中国对外投资中的服务业比重降低，第二产业比重回升；投资区域逐步拓展至全球各地，对外投资结构日趋完善。在新冠疫情期间，中国对外直接投资流量略有下降，但降幅相对较小。2020 年，中国对外直接投资额为 1329.4 亿美元，位列全球第一，比美国高出 43.24%。这一阶段的中国对外直接投资主要是求稳求成，除个别项目因东道国法制环境或双边关系的变化而受挫（如蚂蚁金服在美收购失败、TikTok 在欧美被罚），大多数对外投资项目能平稳落地。

第二节　中国企业 OFDI 现状：成就与困境并存

中国企业 OFDI 近年来的成就有目共睹。1990～2020 年对外投资流量增长约 160 倍，2020 年对外投资流量更是超越美国，位列全球第一，投资存量跃居第三位，成为名副其实的资本输出大国。在取得成绩的同时，部分中国对外投资过急、过快，也带来了巨大的对外投资风险，中国企业海外收购的高失败率、对外投资的低绩效，成为困扰中国企业对外投资的难题。

据《国际商报》报道，截至 2011 年，中国海外收购失败率在 50% 以上[1]。另据普华永道咨询公司统计，截至 2016 年，超过 50% 的中国企业海外收购不成功[2]。这一情况也得到了商务部报告的印证，商务部 2016 年 7 月公布：中国企业对外投资项目仅有 13% 实现盈利，63% 处于非营利或亏损状态[3]。这一状况直至 2019 年仍未改善。《哈佛商学评论（Harvard Business Review）》2020 年刊发的一篇调查报告

〔1〕《中国企业海外并购失败率 50% 以上需量力而行》，载中国新闻网，https：//www.chinanews.com/cj/2012/06－19/3973070.shtml. 2012/06/19－2024/05/22。

〔2〕Overseas M&A Slumps After Record 2016，Caixin Global，https：//www.caixinglobal.com/2017－11－24/overseas－ma－slumps－after－record－2016－101175909.html. 2017/11/24－2024/05/22.

〔3〕商务部报告：《至今为止超过 50% 的中国企业海外并购都不成功》，载中国投资咨询网，http：//www.ocn.com.cn/chanjing/201607/erxdt11143448.shtml，2016－07－11/2020－08－13。

显示，全球企业海外并购失败率仍高达 70%～90%，中国企业也不例外[1]。

从投资绩效来看，中国企业对外投资绩效也整体偏低。国际上通常使用联合国贸易和发展会议提出的对外直接投资绩效指数（OND）来衡量一国或地区对外投资水平，其数值由一国对外投资流量（FDI od）占全球对外投资流量（FDI ow）的份额与该国国内生产总值（GDP）占世界生产总值（GWP）的份额的比率来表示，公式为：

$$OND = (FDI\ od / FDI\ ow) / (GDP/GWP)$$

如果一国或地区的 OND 等于大于 1，表明该国或地区对外直接投资的绩效达到或高于世界平均水平；如果小于 1，则低于世界平均水平。根据上述公式，计算得出 2006～2020 年中国对外投资绩效指数。如图 1－2 所示，尽管中国 OND 呈逐年上升的趋势，但除 2016 年、2020 年数值等于或略大于 1 外，其余历年数值均小于 1，表明中国对外投资水平仍低于世界平均水平。

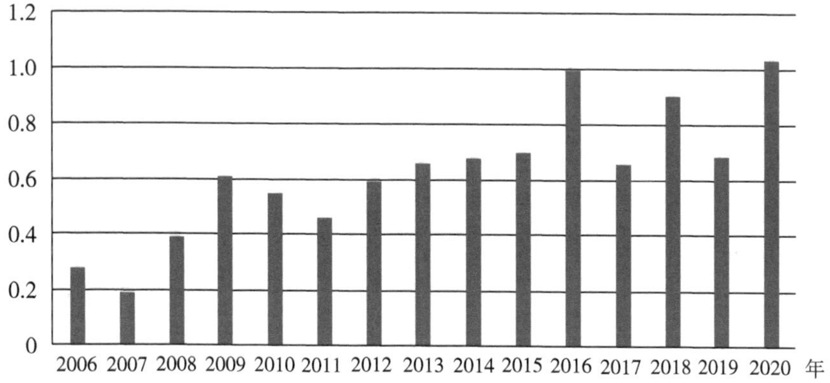

图 1－2　2006～2020 年中国对外直接投资绩效指数

资料来源：依据联合国贸易和发展会议及世界银行网站数据整理计算。

[1] Don't Make This Common M&A Mistake, Harvard Business Review, https://hbr.org/2020/03/dont-make-this-common-ma-mistake. 2020/03/16－2024/05/22.

第三节 中国企业 OFDI 特点及其对投资成效的影响

纵观中国改革开放以来的对外投资发展历程，尽管起步较晚，但发展势头迅猛，用短短 40 年的时间走过了发达国家三四百年的发展道路。经过多年的探索实践，中国企业对外投资步入了有序发展的轨道，呈现新的特点和趋势，而这些特点都将对中国企业 OFDI 的成效产生重要影响。本节将按照由宏观到微观，由主体、主观方面到客体、客观方面的顺序，从投资规模、投资主体、投资动因、投资地域、投资行业、投资方式等方面依次梳理中国企业 OFDI 的特点及其对投资成效的影响。

一、投资规模及其对投资成效的影响

21 世纪以来，中国对外直接投资明显提速，投资总量与单笔投资均值均快速提升。2002～2020 年，中国对外投资流量和存量年均增速分别为 29.82%（见图 1－1）和 28.14%（见图 1－3），超过同期发达国家（流量增速－11.43%、存量增速 7.6%）和发展中国家（流量增速 19.33%、存量增速 12.3%）对外直接投资平均增速。不仅如此，中国对外投资单笔投资额也高于全球甚至发达国家平均水平。2003～2020 年，中国企业对外绿地投资共计 7462 宗，平均每宗绿地投资额为 9706 万美元，高于全球平均数（5397 万美元/宗）。2002～2020 年，中国企业海外收购共计 2975 宗，平均每宗收购交易额为 2.24 亿美元，高于全球平均数（8986 万美元/宗），也高于发达国家平均数（9656 万美元/宗）。

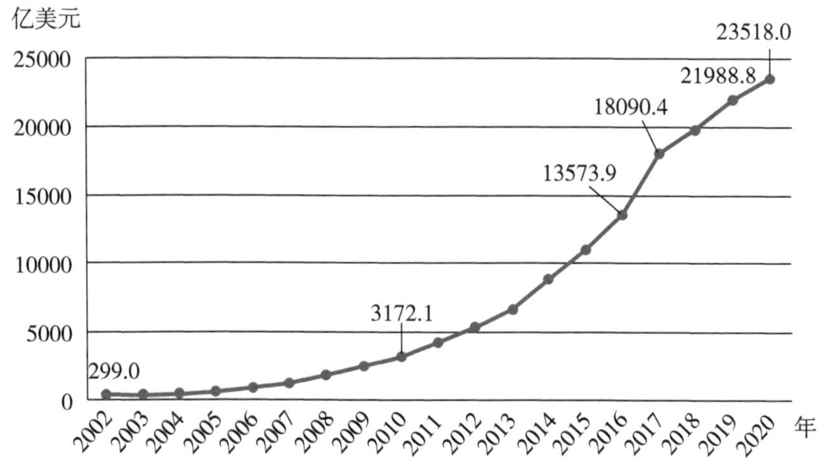

图 1－3 2002～2020 年中国对外直接投资存量

资料来源：依联合国贸发会议公布的 1990～2020 年对外直接投资资本输出存量表整理。

就个案而言，无论是跨境收购还是绿地投资，单个项目的投资规模（投资金额）较高均有助于促成投资。竞购情形下的跨境并购，较高的收购报价有助于击败其他竞购者，从而获得目标公司的认可；而绿地投资中的较高投资金额和规模，意味着能够为东道国创造更多的就业机会，从而更容易受到东道国当地的欢迎。这些都将增加中国企业 OFDI 的成功率；然而，就总体而言，中国在短时间内对外投资规模的快速上涨，也可能在国际上给东道国（尤其是发达国家）带来较大的压力和危机感。东道国政府基于国家安全、能源外流、技术外溢的担忧，很可能会产生抵触心理，从而给中国企业 OFDI 造成不利影响。

二、投资主体及其对投资成效的影响

中国早期对外投资主体以国有企业为主，特别是以实力雄厚、具有行业垄断地位的中央企业为主。截至 2010 年年底，国有企业在中国对外直接投资存量中的比重仍保持在 66.2%。随着经济实力的提升，民营企业 2000 年后逐渐加入对外投资的队伍，且比重逐年增加。2018 年，民营企业在对外投资中的比重已达62.3%。

国企主导的对外投资，比民营企业更具优势；但也正因为其政府持股背景，国有企业曾一度受到西方发达国家的排斥和抵制。东道国政府以国家安全审查、外资准入审查等借口对外国国有企业设置一系列障碍，从而影响对外投资的成功率。相比国有企业，民营企业具有经营机制灵活、资产流动性强、产权清晰、自主决策等优势，在国际资本市场上具有更强的适应性和灵活性，以双汇、吉利汽车、顺德日新等为代表的中国民营企业在近几年的对外投资实践中取得了不俗的成绩。不过，民营企业整体规模和资金实力与国有企业差距较大，当面对实力雄厚的竞购者时往往也有失败的风险。

三、投资动因及其对投资成效的影响

中国作为全球第二大经济体，拥有稳定持续的资源供应是其经济安全发展的重要保障。因此，获得战略性资源的所有权或开采权，曾是中国企业对外投资最主要的动因之一。在对外投资早期，中国企业对外投资主要以获得自然资源为目的，2002年自然资源类海外收购一度占到中国海外收购总额的90%。自2004年起，中国企业逐渐通过跨境收购获得境外企业核心技术、知名品牌、市场销售网络和先进管理经验，以获取高新技术为目标的对外投资在中国对外投资中的比重逐渐加大。同时，越来越多的中国企业开始在东南亚、非洲、拉丁美洲等地投资建厂，获取当地廉价原材料和劳动力，避开贸易壁垒，获得相应收益和利润。中国对外直接投资逐渐形成投资动因多样化的发展格局。

以寻求资源或技术为动因的投资，如果投资目标为获取东道国战略性资源、敏感技术或核心技术，常常会受到东道国的抵制。欧美等地的外资安全审查制度普遍将不可再生的自然资源以及核技术、航空航天、人工智能、半导体等技术列为重点审查的领域，一旦外商投资以此为动因，存在危及东道国国家安全的风险，就会被审查部门否决，从而降低投资的成功率。而以获取廉价劳动力为动因的对外投资，往往会为东道国提供更多的就业机会，进而带动当地经济的发展，因此会受到东道国的欢迎，投资成功率也会相应提高。

四、投资地域及其对投资成效的影响

在对外投资早期，中国企业倾向于投向文化差异和制度差异较小的亚洲国家以及经济发展略逊于中国的拉丁美洲等地。截至 2010 年年底，中国对外直接投资存量中，流向亚洲和拉丁美洲地区合计占比 85.7%，区位分布呈明显集中的特点。随着中国对外投资经验不断积累，投资地域逐渐拓宽。截至 2016 年年底，中国投向欧洲和北美洲的比重合计升至 12%，比 2010 年年底高出 4.5%。2016 年之后，在国内对外投资政策和“一带一路”倡议的双重影响下，中国对外投资区位结构进一步调整，投向“一带一路”沿线国家的比重提升，2018 年达到 12.5%。调整后的中国对外投资区位分布更趋平衡、合理。

中国企业在不同地域的投资成功率因投资阶段的不同而不同。在投资进入阶段，发达国家的法律制度更为健全，外商投资壁垒也相对更多，中国企业如果拟投资该国法律限制外资的行业或领域，往往不容易获得成功。相反，在法律制度相对滞后的发展中国家，投资进入时受到的法律限制相对较少，投资项目落地的成功率更高。而在投资落地后的长期经营阶段，情况则相反：东道国法律制度越健全，所投资的当地企业在东道国的运营越稳定，越有助于节约运营成本，提高运营绩效，从而提高投资的成功率。

五、投资行业及其对投资成效的影响

自 2002 年以来，中国对外直接投资的行业分布呈现重点化和多元化的特点。截至 2005 年年底，中国对外投资在商务服务业、批发和零售业、采矿业、交储业、制造业五大行业的占比合计达 86.5%。到 2020 年年底，中国对外投资行业进一步集中，在能源供应业、制造业、交储业等 6 个行业的投资占比已达 90%，集中程度更甚于 2005 年。尽管集中程度依旧较高，但中国对外投资的行业重点相比十几年前不尽相同。截至 2020 年年底，能源供应业、IT 业、科学研究和技术服务业已代替商业服务业、批发零售业分别跃居第一位、第五位、第六位，特别是位居第一的能源供应业占比达 34.6%。中国对外投资行业重点的调整，源于国内金融及信息技术的飞速发展，“一带一路”倡议的推进，以及全球经济发展和竞争格局呈现的新趋势。

投资行业和领域的分布将直接影响中国企业对外投资的成功率。国防、保险、航空、通信、广播、交通运输等战略性行业以及通信、电信、信息技术、生物制造等敏感技术关乎国家安全，受到东道国的重点关注和普遍限制。有些国家的外资准入制度明令禁止或限制外商投资这些行业或领域，以国家安全审查制度进行规范，规定这些行业或领域的外商投资非经东道国审查通过不得实施。因此，如果中国企业对外投资涉及这些行业或领域，其成功率通常比普通行业更低。

六、投资方式及其对投资成效的影响

就投资方式而言，2002 年之前，中国对外直接投资多数采用绿地投资方式。随着对外投资经验的积累，特别是在 2008 年金融危机后，为了尽快获取目标公司现有资源、打开东道国市场，中国企业越来越多地采用跨境收购的方式进入东道国。2003～2020 年，尽管跨境收购与绿地投资的比重略有起伏，但通过二者投资的金额分别为 6644.32 亿美元及 7242.98 亿美元，各占总额的 48% 及 52%，投资结构相对平衡。

总体而言，绿地投资的成功率高于跨境收购。一方面，各国外资安全审查制度基本上仅针对跨境收购，而不涉及绿地投资。另一方面，跨境收购的目标公司基于对收购后管理层更换、员工遣散的担忧，难免会对外资收购者进行抵触，特殊情况下还会利用法律赋予的反收购措施对外资进行抵制，这些都将对中国企业的投资造成不利影响。相比跨境收购，绿地投资更便于国内企业拥有海外子公司的全部资源和技术，便于其控制海外子公司的经营与管理；由于能为当地带来就业机会，往往更易受到东道国的欢迎，因而成功率会更高。

本章小结

企业微观经济活动的开展，离不开宏观经济的大背景。对中国企业个体 OFDI 成效原因的探求，也离不开对中国 OFDI 整体发展历程及特点的深入研究。为此，本章分 5 个阶段逐一梳理了自改革开放以来中国对外直接投资的发展历程以及各阶段的投资成效，继而描绘中国对外直接投资的现状，分析其特征及其对投资成效的影响，以此为研究中国企业个体实施 OFDI 的背景、起源、动因以及发展特点的基础。

第二章 中国企业 OFDI 面临困境的原因：基于典型案例分析

中国企业 OFDI 取得了举世瞩目的成绩，但同时面临海外收购高失败率、对外投资低绩效的困境。为此，从理论上就中国企业对外投资高失败率、低绩效的原因和影响因素进行分析，进而提出进一步完善的对策建议，对提高中国对外投资整体绩效具有重要的现实意义。

本章拟从典型案例出发，从东道国法律制度角度，探析中国企业对外投资获得不同成效的个案原因。

第一节 导致困境的法律制度原因

中国企业对外投资之所以失败，除缺乏充分的前期调查、合理规划，收购后无法有效整合、参与经营管理以外，很大一部分原因在于这些中国企业法律意识的淡薄，即对制度的忽视，特别是对法律制度及法律风险的忽视。

对外投资的成效受到两国特别是东道国政治、经济、社会、文化等多重因素的影响，尤其是受到东道国外交关系、政权稳定性、产业政策、产权制度、金融与资本市场等因素的直接影响。“很多经济和政治制度依赖于法律制度的实施，而法律本身就是一种最具普遍性的制度形式。”简言之，为了以国家强制力保障实施，政治制度与经济制度通常以法律制度的形式来体现和施行。因此，法律制度应当是对外投资需要关注的重中之重。影响中国对外投资成效的法律制度主要包括国际投资规范、母国法律制度以及东道国法律制度，三者对于中国企业对外投资的影响方式和程度各不相同。

首先，包括双边及多边投资保护协定在内的国际投资规范，对于企业对外直接投资的影响相对间接，其最大的价值在于当企业对外投资遇到纠纷时能够帮助解决争端、提供救济。双边及多边投资保护协定对中国企业对外投资权益的保障作用，还需结合中国对外投资保险制度、国际争议纠纷解决机制等一系列制度共同发挥。

其次，母国有关对外投资的促进制度、管理制度、保障制度等，从宏观上对于中国企业对外投资发挥着重要的推动和调控作用。尤其是中国有关对外投资资金的管控制度，直接关系到中国企业对外投资的规模、方式和进程，实践中也不乏中国对外投资管控制度导致海外收购被迫终止的案例。中国对外投资法律制度会依国内经济发展进程、产业结构、产业安全及金融安全等宏观经济背景及时调整，对于中国企业对外投资的影响也相对宏观。除上述管理制度外，中国尚无系统的对外投资促进制度或保障制度，中国对外投资保险制度尚不完善，对于中国企业对外投资尚未起到很好的风险防范和投资保障作用。

最后，东道国法律制度，应属微观上与中国企业对外投资关系最为密切的法律制度。特别是东道国外资准入制度、国家安全审查制度、反垄断制度是各国控制外资进入的三大“杀手锏”，直接关系到中国企业对外投资行为能否实施。例如，蚂蚁金服收购 MoneyGram、中海油收购优尼科、中集收购荷兰博格、华为收购 3Com、国家电网收购德国高压电网运营商 50Hertz，均受阻于东道国的外资审查制度。而投资项目落地后的经营活动与东道国的劳工权益法、环境保护法、知识产权法、出口管制法等法律制度息息相关，关系到投资项目能否持续经营，能否获取预期效益。例如，上汽收购韩国双龙汽车后未处理妥当劳工权益纠纷导致双龙汽车破产、以上汽减持股票告终，中兴因违反美国出口管制法被美国商务部制裁，中铝收购秘鲁特罗莫克铜矿后违法排污被责令停产导致巨额亏损，等等。

由此可见，东道国的这些法律制度，无论是对外投资进入合法性制度，还是投资落地后的经营合规性制度，都构成影响中国企业对外投资成效的关键因素。

第二节　导致困境的东道国法律制度原因：案例分析

一、案例选取

影响中国企业对外投资成效的东道国法律制度，主要包括两大类：一类直接关系对外投资活动能否实施，包括东道国的外资准入制度、国家安全审查制度、反垄断制度、证券监管制度（如目标公司为上市公司）；另一类则关系到投资项目落地后能否持续经营，广义上包括东道国境内的所有法律制度，但从相关性及中国企业经营特点来看，这一类法律制度中，对中国企业对外投资影响最直接的包括东道国的劳工权益法、安全生产法、环境保护法、知识产权法、出口管制法、数据保护法等。

东道国的上述法律制度如何影响中国企业对外投资成效，从近年来中国企业对外投资案例中可窥一斑。本书整理了因东道国法律制度影响而失败的部分案例（见表2－1、表2－2）以及部分成功案例（见表2－3），并从中选取成功和失败的经典案例进行深入分析。

表 2－1　中国企业对外投资部分失败案例（投资进入阶段）

发起时间	投资公司	目标公司	东道国	交易结果	原因	涉及东道国法律制度
2005 年	中海油	优尼科	美国	收购失败	CFIUS 禁止收购	国家安全审查制度
2006 年	中集	荷兰博格	荷兰	被禁止	欧盟委员会禁止收购	欧盟反垄断审查制度
2007 年	华为	3Com	美国	被禁止	CFIUS 禁止收购	国家安全审查制度
2009 年	西色国际	美国优金矿业	美国	被禁止	CFIUS 禁止收购	国家安全审查制度
2009 年	中铝	澳大利亚力拓	澳大利亚	收购中止	FIRB 审查时间过长，导致收购中止	外资准入审查制度
2010 年	腾中重工	悍马	美国	未通过审查	未通过监管部门审核	反垄断审查制度
2011 年	华为	3Leaf	美国	被限制	CFIUS 要求剥离收购	国家安全审查制度
2016 年	清华紫光	西部数据	美国	取消	CFIUS 介入调查	国家安全审查制度
2016 年	金沙江创投公司等	飞利浦照明	美国	被否决	CFIUS 禁止收购	国家安全审查制度
2016 年	国家电网	新南威尔士州电网	澳大利亚	被否决	FIRB 审查	国家安全审查制度
2016 年	国家电网	电网公司 EANDIS	比利时	收购失败	比利时安全局反对	国家安全审查制度
2016 年	国家电网	德国高压电网运营商 50Hertz	德国	收购失败	德国财政部和经济部反对	国家安全审查制度
2016 年	福建宏芯基金	爱思强 Axitron SE	美国	被否决	CFIUS 禁止收购	国家安全审查制度
2017 年	海航集团	全球鹰娱乐	美国	被否决	CFIUS 禁止收购	国家安全审查制度

续表

发起时间	投资公司	目标公司	东道国	交易结果	原因	涉及东道国法律制度
2017 年	TCL	Novatel Wireless 旗下 MIFI	美国	被否决	CFIUS 禁止收购	国家安全审查制度
2017 年	谷桥基金	Lattice	美国	被否决	CFIUS 禁止收购	国家安全审查制度
2017 年	四维图新	数字地图服务提供商 HERE	美国	被否决	CFIUS 禁止收购	国家安全审查制度
2018 年	长江三峡集团	葡萄牙电力公司 EDP	美国、加拿大、法国等	收购失败	美国、加拿大、法国等国监管机构未批准该交易	国家安全审查制度
2018 年	湖北鑫炎	美国半导体测试设备商 Xcerra	美国	被否决	CFIUS 禁止收购	国家安全审查制度
2018 年	深圳新纶科技	美国 Akron Polymer	美国	被否决	CFIUS 禁止收购	国家安全审查制度
2018 年	烟台台海集团	德国 Leifeld Metal	德国	被否决	德国经济部反对	国家安全审查制度
2018 年	深圳广田	帕玛斯迪利沙	美国	被否决	CFIUS 禁止收购	国家安全审查制度
2018 年	中国重型汽车	电动汽车发动机公司 UQM	美国	取消	CFIUS 对这笔交易心存顾虑	国家安全审查制度
2018 年	蓝色光标	Cogint	美国	被否决	CFIUS 禁止收购	国家安全审查制度
2018 年	大北农	Waldo Farms	美国	被否决	CFIUS 禁止收购	国家安全审查制度
2018 年	蚂蚁金服	汇款服务公司 MoneyGram	美国	被否决	CFIUS 禁止收购	国家安全审查制度

资料来源：依据媒体公开报道整理。

表 2－2　中国企业对外投资部分失败案例（投资落地后经营阶段）

事件时间	投资公司	投资项目	受损情况	原因	涉及东道国法律制度
2006 年	TCL	法国阿尔卡特	人才流失、亏损严重	劳工法合规成本高昂	劳工权益法
2006 年	TCL	法国汤姆逊	合资公司破产告终	劳工法合规成本高昂	劳工权益法
2008 年	民生银行	美国联合银行	联合银行倒闭，投资巨亏	未取得目标公司控制权，收购后未有效整合	公司法
2009 年	北汽集团	萨博汽车	收购后销量惨淡导致亏损	未获得萨博全部产权，特别是核心知识产权（包括品牌），影响效益	知识产权法
2009 年	上汽集团	韩国双龙汽车	双龙汽车破产，上汽减持股票亏损 40 亿元	未妥善处理劳工权益问题，大规模罢工致使双龙破产	劳工权益法
2011 年	中国电力投资集团	缅甸密松水电站	项目搁置多年，亏损严重	遭到当地环保组织和民众的抗议，缅甸政府为保护环境叫停项目	环境保护法
2014 年	中铝集团	秘鲁特罗莫克铜矿	因停产亏损	违法排污	环境保护法
2018 年	中兴通讯	美国供货方	支付巨额保证金	因违反美国出口管制法，受美国制裁	出口管制法
2020 年	抖音	TikTok 美国子公司	支付巨额赔偿	因违反美国隐私权法，被用户提起集体诉讼	隐私权法

资料来源：依据媒体公开报道整理。

表 2－3　中国企业对外投资部分成功案例

发起时间	投资公司	目标公司（业务）	东道方
2005 年	联想	IBM 全球 PC 业务	美国
2006 年	中国蓝星	营养添加剂生产商法国安迪苏集团	法国
2007 年	中国工行	南非标准银行	南非
2008 年	中钢集团	澳大利亚铁矿公司 Midwest	澳大利亚
2008 年	中海油服	挪威海洋石油钻井公司 Awilco	挪威
2009 年	中石化	瑞士石油公司 Addax	瑞士
2009 年	苏宁电器	日本家电连锁企业 Laox	日本
2010 年	吉利	全球知名汽车品牌沃尔沃汽车	瑞典
2010 年	海航	澳大利亚 Allco 公司飞机租赁业务	澳大利亚
2010 年	中国工行	泰国 ACL 银行	泰国
2011 年	汉龙矿业	澳大利亚铁矿公司 SDL	澳大利亚
2011 年	中石油	英力士集团旗下炼油厂	英国
2011 年	复星国际	加拿大金堆城西色公司	加拿大
2012 年	三一重工	全球混凝土机械品牌德国普茨迈斯特	德国
2012 年	万达	美国 AMC 影院公司	美国
2012 年	国家电网	葡萄牙国家能源网公司	葡萄牙
2013 年	复星国际	美国肿瘤检测公司 Saladax	美国
2013 年	复星医药	萨拉达克斯生物医药	美国
2013 年	中海油	加拿大尼尔森	加拿大
2014 年	双汇	美国史密斯菲尔德食品公司	美国
2014 年	复星国际	葡萄牙保险集团 Caixa Seguros	葡萄牙
2014 年	五矿集团	Las Bambas 在建铜矿	秘鲁
2015 年	中国化工	意大利轮胎制造商倍耐力	意大利
2015 年	安邦	美国纽约华尔道夫酒店	美国
2015 年	长江三峡	巴西朱比亚水电站、伊利亚水电站	巴西
2016 年	艾派克	全球知名打印机及软件公司利盟国际	美国

续表

发起时间	投资公司	目标公司（业务）	东道方
2016 年	中国化工	农业化学企业先正达（Syngenta）	瑞士
2016 年	美的	库卡（机器人公司）	德国
2016 年	海尔	通用电气（GE）家电业务	美国
2017 年	兖州煤业	力拓集团下属联合煤业（C&A）	澳大利亚
2017 年	中投	欧洲物流资产公司 Logicor	欧盟
2017 年	万科等	亚洲物流地产公司普洛斯（GLP）	新加坡
2018 年	紫光集团	法国智能卡器件制造商 Linxens	法国
2018 年	哈工智能	德国智能焊接设备商 NIMAK	德国
2018 年	巨星科技	瑞士存储设备制造商 Lista	瑞士
2018 年	安踏	芬兰体育用品公司 Amer Sports	芬兰
2019 年	沙钢股份	欧洲最大的数据中心公司 GS	英国
2019 年	闻泰集团	荷兰安世半导体（Nexperia）	荷兰
2019 年	物美	麦德龙中国控股权	德国

资料来源：依据媒体公开报道整理。

为有针对性地分析研究，本章将案例区分为两大类：一类是准入阶段投资案例；另一类是投资落地后经营阶段案例。第一类案例成功的判断标准相对简单，中国企业获得东道国政府许可进入东道国投资即视为成功；第二类案例是否成功需要结合相关财务指标进行判断，通常而言，中国企业投资落地后通过经营实现盈利或获得预期收益即为成功。鉴于中国企业大部分对外直接投资止步于第一阶段，仅有少部分对外投资能够进入第二阶段，本章选取的案例中，第二类案例的数量少于第一类案例。

为确保典型案例的代表性，本章所选的案例选择遵循如下标准：投资主体既包含以中海油、中石化、中集集团为代表的国有企业，又包含以华为、联想为代表的民营企业；投资国别既包括美国、澳大利亚、加拿大等发达国家，也包括秘鲁等发展中国家；投资行业包括能源采矿业、家电制造业、物流仓储业、通信设备制造业、食品业等各个领域；从投资结果来看，成功与失败案例各占5例，既总结成功经验，又借鉴失败教训；时间跨度为2005～2016年，以具有代表性的案件为主。通过下列案例，本章将针对与中国企业对外投资密切相关的东道国法律制度逐一分析。

二、案例分析

下文中，第1项至第7项为投资进入阶段案例，第8项至第10项为投资落地后经营阶段案例。

（一）艾派克收购利盟国际[1]

2016年，珠海艾派克科技股份有限公司（以下简称艾派克）收购美国利盟国际Lexmark International Ltd. 股权，成功通过美国外国投资委员会的国家安全审查，涉及的东道国法律制度主要为国家安全审查法。

1. 收购过程

收购方艾派克，是中国打印机耗材芯片生产商。目标公司利盟国际，是全球领先的中高端打印设备及服务商。利盟国际频繁并购导致资金压力骤增，同时受企业内容管理软件业务（以下简称ES业务）长期亏损的拖累，承受了巨额亏损。艾派克希望通过收购利盟国际，将两者在全球中低端、中高端打印市场的优势相结合，提升公司市场竞争力。

2016年4月，艾派克联合太盟投资、君联资本等投资机构，以27亿美元的价格协议收购利盟国际100%股权。签约之后，艾派克随即请求CFIUS就该项收购进行审查，并承诺交割后将分拆出售利盟国际的

[1] 陈婕莹：《杠杆收购与并购融资的方法研究——以艾派克收购利盟为例》，载《商场现代化》2019年第24期。

ES 业务，以打消美国政府的国家安全担忧。最终，本次交易获审批通过，并顺利完成股权交割。[1]

2. 合规指引

CFIUS 审查是本次收购最大的风险点。对此，艾派克有充分准备，在收购之前就已决定分拆出售利盟国际的 ES 业务。一方面，这是利盟国际所有业务中唯一涉及国家安全的业务，出售 ES 业务将有助于打消 CFIUS 的顾虑，提高审批通过的概率。另一方面，ES 业务虽然给利盟国际带来了良好的商誉，但长期处于亏损状态；出售 ES 业务将为艾派克带来一笔可观的现金收益，以此缓解收购带来的资金压力。艾派克主营业务集中在打印机耗材芯片生产领域，分拆出售 ES 业务还有助于集中业务优势，专注于打印机及耗材业务的发展。针对 CFIUS 的顾虑与担忧，提前做好分拆出售方案，是艾派克获审批通过的重要原因。

（二）双汇收购史密斯[2]

2013 年，双汇收购美国 Smithfield Foods，Inc.（以下简称史密斯）股权，成功通过美国外国投资委员会的国家安全审查，涉及的东道国法律制度主要为国家安全审查法。

1. 收购过程

收购方双汇，是国内最大的肉类加工食品集团之一，其母公司为双汇国际控股有限公司（以下简称双汇国际）。目标公司史密斯，是美国第一大猪肉生产商。双汇希望通过收购史密斯，获得安全充裕的猪肉资源以及先进的管理经验和生产技术。

---

〔1〕 *Lexmark Announces Completion of Acquisition by Apex Technology and PAG Asia Capital*, https：//www. lexmark. com/en_ gb/about/news - releases/acquisition - by - apex - technology - and - pag - asia - capital. html，2016 - 11 - 29/2020 - 08 - 15.

〔2〕 吴术团：《双汇国际收购史密斯菲尔德公司的案例分析》，载《对外经贸实务》2015 年第 6 期。

2013 年 5 月，双汇国际以 47 亿美元现金协议收购史密斯 100% 股权，并将承担史密斯 24 亿美元的债务。随后双汇国际与史密斯共同向 CFIUS 自愿申请其就该项收购进行国家安全审查。在此期间，史密斯 CEO 参加美国参议院举行的听证会并积极配合、接受质询。最终，该项收购顺利获审批通过。[1]

2. 合规指引

双汇收购史密斯之所以能够获审批通过，固然与此次收购所涉的肉制品领域不属于美国政府严格管控的战略性行业或敏感领域有关，同时与双汇对审查提前谋划、积极部署和充分准备密切关联。

首先，为了打消美国政府对收购主体身份的顾虑，双汇从所有制性质上做了充分的准备。早在 2006 年 6 月，双汇引入高盛和鼎晖，通过在我国香港特别行政区设立公司再持有双汇全部股权的方式，从国有肉联厂转变为外商独资企业。2007 年 10 月，双汇及其员工又在英属维尔京群岛、开曼等地设立层层公司并通过复杂的股权结构安排（见图 2 - 1），实现了由中国企业向国际公司的转变，为双汇今后国际化发展做好投资主体的铺垫。这一股权结构在双汇接受 CFIUS 审查时发挥了重要作用。通过这一连续的股权结构调整，加之高盛、鼎晖等外资公司的入股，双汇国际已褪去国有企业的痕迹，成为一家离岸国际公司，从而降低 CFIUS 对于该收购受中国政府控制的疑虑。

〔1〕 *The Real Reason Behind Shuanghui's Purchase of Smithfield*, https: //fortune. com/2013/06/04/the - real - reason - behind - shuanghuis - purchase - of - smithfield/, 2013 - 06 - 05/2020 - 08 - 16.

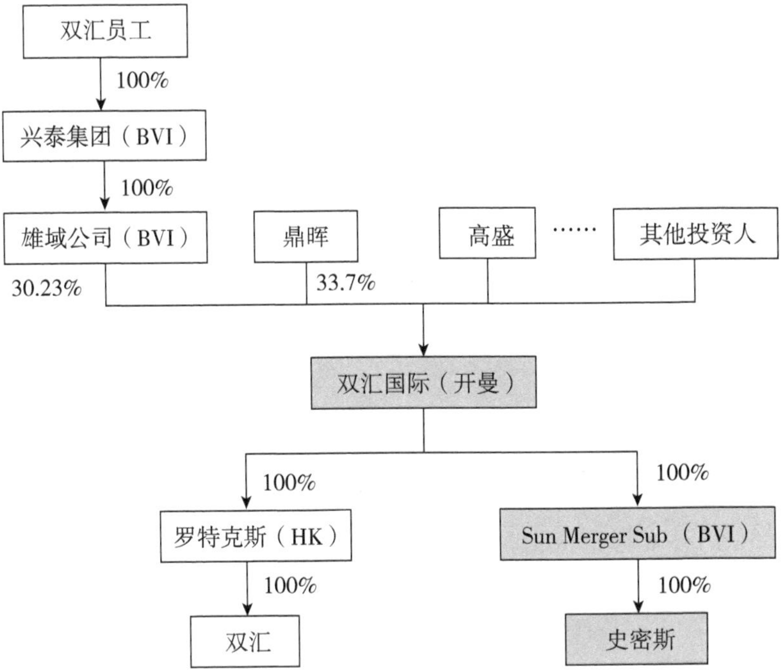

图 2－1　双汇收购史密斯时的股权结构

资料来源：依据媒体公开报道整理。

其次，双汇对史密斯的收购方案兼顾了各方利益。双汇为本次收购支付的对价为 47 亿美元，比收购前史密斯最高开盘价高出 31%，双汇还将承担史密斯 24 亿美元债务。此外，双汇还承诺史密斯的高管、员工全部原岗留任，支付史密斯高管及资深员工高额留任奖金，并承诺史密斯的品牌、生产商、供应商及其与养殖户签订的协议保持不变，同时将支持史密斯参与社会公益、环保和动物保护计划。因此，这一收购方案获得史密斯高管、员工、股东、债权人以及当地政府的支持，这也是其获审批通过的重要基础。

最后，双汇在申报程序上展现的积极态度与诚意也是提高通过率的重要因素。尽管食品加工业不同于美国政府严格管控的能源、交通、通信、电信及高新技术等行业，但食品安全也是 CFIUS 审查时重点考虑的因素之一。对此，双汇从交易架构、融资安排、投资方案等方面提前策划、精心准备、积极应对。在与史密斯达成初步收购协议后，双汇立即与CFIUS沟通磋商，主动向其提交审查申请；在审查过程中，双汇全力配合，参加国会的听证会并接受质询。所有这些精心准备和积极应对，最终促使双汇成功获得审批。

（三）中石化收购Daylight〔1〕

2011年，中石化收购加拿大Daylight Energy Ltd.（以下简称Daylight）股权，成功通过加拿大创新、科学与经济发展部（ISED）的外资准入审查，涉及的东道国法律制度主要为外资准入审查法。

1. 收购过程

收购方中石化，是国有控股石化集团，也是中国最大的成品油及化工产品供应商。目标公司Daylight，是加拿大综合油气开发公司，拥有可观的油气储量。2011年上半年，国际油价持续走低，Daylight股价持续下跌，为中石化提供了收购时机。

2011年10月，中石化以每股10.08加元、总价约22亿加元的现金协议收购Daylight全部股份。2011年12月，经加拿大政府监管审批，中石化下属子公司国际石油勘探开发公司与Daylight完成股权交割。〔2〕

2. 合规指引

尽管加拿大对外资收购的审核制度相比美国较为宽松，但鉴于中石化收购的Daylight属于加拿大对外资进入严格监管的能源领域，因此，收购的顺利实施需以获得加拿大创新、科学与经济发展部的审批为前提。在此项收购之前，恰逢韩国国家石油公司收购加拿大Harvest

〔1〕 李勇：《134亿收购Daylight能源公司 中石化买贵了?》，载《中国经济周刊》2011年第40期。

〔2〕 *Sinopec buys Calgary - based Daylight Energy*，https：//financialpost.com/commodities/energy/sinopec - buys - calgary - based - daylight - energy，2011 - 10 - 10/2020 - 08 - 16.

能源信托公司（以下简称韩国国油收购 Harvest 案）获得加拿大政府的审批通过，这为中石化获得审批提供了有益借鉴，也增加了中石化的信心。中石化针对该案例进行深入研究、比对学习，为了避免国企属性对此次收购可能产生的影响，中石化以其在卢森堡设立的全资子公司 CNOOC Luxembourg SA 实施上述收购，合法规避加拿大政府对外国国企强制审核的要求，简化了审批流程。此外，鉴于 Daylight 所拥有的油气资源归类为“非常规/致密油”，不属于加拿大政府严格禁止或限制外资进入的领域，相比韩国国油收购 Harvest 案更不具有“战略意图”，而且中石化在收购计划中承诺保留 Daylight 大部分员工，不会造成大量失业，因而最终获得加拿大创新、科学与经济发展部的批准。

（四）中铝收购力拓[1]

2009 年，中铝收购澳大利亚力拓股权，未能通过澳大利亚外国投资审查委员会的外资准入审查，涉及的东道国法律制度主要为外资准入审查法。

1. 收购过程

收购方中铝，是中国最大的氧化铝和原铝生产商。目标公司力拓，是与必和必拓、淡水河谷齐名的世界三大铁矿石巨头。受 2008 年金融危机影响，力拓面临严重的财务和经营危机。2008 年 2 月，中铝联合美国铝业成功收购力拓英国公司 12% 的股权。

2009 年 2 月，中铝与力拓签署框架合作协议，拟向力拓注资 195 亿美元换取其股权。此后，随着全球经济的回暖，力拓股价回升、财务危机缓解，力拓部分高管欲转而与必和必拓合作。2009 年 3 月，澳大利亚外国投资审查委员会决定将此次收购的审限时间增加 90 天。2009 年 6 月，力拓单方面解除与中铝的合作协议，转而与必和必拓签

〔1〕刘纪鹏、刘妍、王晶晶：《中铝并购力拓对中央企业国际化战略的启示》，载《国际经济评论》2009 年第 1 期。

署合资协议。中铝对力拓的收购交易以失败告终。[1]

2. 合规指引

中铝收购力拓失败的主要原因在于错失最佳收购时机，未能在力拓财务危机最严重时迅速拿下力拓，导致力拓缓解压力后反悔，中铝的收购前功尽弃。从东道国有关外商投资的法律制度来看，尽管 FIRB 未就该项收购作出明确禁止的审查决定，但延长 90 天的审查期限无疑给力拓争取了关键的喘息时间。在这关键的 90 天里，力拓借助股价的恢复，以及必和必拓的背后支持，资金压力得到很大的缓解，从而能够以支付违约金的代价解除与中铝的战略合作协议。由此可见，澳大利亚外资审查制度，尽管不是阻止中铝收购的直接原因，但是促成中铝收购变数的关键因素。

（五）中海油收购优尼科[2]

2005 年，中海油收购优尼科股权，未能通过美国外国投资委员会的国家安全审查，涉及的东道国法律制度主要为国家安全审查法。

1. 收购过程

收购方中海油，是中国最大的海上油气生产商。目标公司优尼科，是美国第七大石油公司，在美洲及亚洲等地拥有大量的石油和天然气资源。

2005 年年初，中海油应邀向优尼科报价 130 亿美元以收购其股权。在美国第一大石油公司雪佛龙参与竞购后，中海油追加报价。2005 年 6 月，美国国会多名众议员联名致信美国总统和财政部长，要求 CFIUS 严格审查此项收购。同月，美国众议院判定中海油对优尼科的收购会

---

〔1〕 *Rio Tinto Surges as Chinalco, Alcoa get big Stake*, https://www.marketwatch.com/story/rio-tinto-stock-surges-after-alcoa-chinalco-build-12-stake, 2008-02-01/2020-08-17.

〔2〕 梁咏：《美国国家安全体制下的中国海外投资保障研究——基于中海油收购优尼科案分析的视角》，载《国际商务研究》2009 年第 1 期。

威胁美国的国家安全，并紧急通过《国家能源法》修正案。2005 年 7 月，优尼科董事会投票支持雪佛龙的收购计划。2005 年 8 月，中海油撤回收购报价。[1]

2. 合规指引

中海油收购优尼科的失败有多方面原因。从东道国法律制度角度来看，美国的国家安全审查制度是最大的阻碍，而中海油对于美国的外国投资国家安全审查程序明显重视不够。中海油明知自己是国有企业又涉及战略资源及敏感技术的收购，被 CFIUS 调查在所难免，却没有事先做好准备。在美国众议院要求 CFIUS 尽快审查 2 日后，中海油才仓促提交审查申请，错失了主动申报、事先沟通、交流和磋商的机会。针对竞争对手雪佛龙声称的所谓的“中国国家控制的银行向中海油提供低息贷款”这一美国政府特别关注的焦点问题，中海油也没有及时给予合理回应。中海油被动消极的应对做法很容易让 CFIUS 误认为中海油逃避美国政府审查。鉴于此，即使中海油没有主动撤回报价，最终获审核通过的可能性也很小。

（六）中集收购荷兰博格[2]

2006 年，中集收购荷兰博格股权，成功规避欧盟委员会反垄断审查程序，顺利完成收购，涉及的东道国法律制度主要为反垄断法。

1. 收购过程

收购方中集，是世界领先的物流装备和能源装备供应商。目标公司荷兰博格公司，由博格兄弟 Cees Van Der Burg 和 Peter Van Der Burg 共同创立，是欧洲陆路运输装备、罐式集装箱和不锈钢静态储罐的三

---

〔1〕 *CNOOC launches bid for Unocal*，https：//www. marketwatch. com/story/cnooc – launches – 185b – counter – offer – for – unocal，2005 – 06 – 23/2020 – 08 – 17.

〔2〕 蒋小红：《欧盟对企业合并的法律监管制度——从中国跨国企业首次遭遇欧盟反垄断调查谈起》，载《国际贸易》2006 年第 7 期。

大制造商之一。2006 年，双方决定通过合并将各自的优势进行互补。

2006 年 1 月，中集与荷兰博格协议约定合并。2006 年 3 月，欧盟委员会启动反垄断审查，初审认为本次合并可能在该领域形成“事实上的垄断”。2006 年 7 月，中集宣布终止本次合并。2006 年 11 月，中集与荷兰博格重新约定由中集在比利时新设的子公司与其中一位博格兄弟在荷兰合资设立 Newco，再由 Newco 收购博格公司全部股权。依欧盟竞争法规定，新的交易结构不构成关联交易，因此避开了欧盟反垄断的审批要求。[1]

2. 合规指引

根据欧盟反垄断法的相关规定，欧盟委员会有权对欧盟境内发生的达到审查标准的并购进行全面审查，这是并购实施的前置程序。而荷兰博格与中集的合并，无论是基于营业地还是营业额，均已达到欧盟反垄断审查的标准，依法应由欧盟委员会审查通过后方可实施。在此之前，欧盟尚未针对中国企业在欧盟境内的并购交易进行任何反垄断调查，包括中集在内的中国企业对于欧盟反垄断审查没有充分的准备和预案，因而被欧盟委员会否决。中集在首次并购方案碰壁之后并未作罢，转而调整并购策略和交易架构，通过在比利时设立的全资子公司与博格公司股东之一在荷兰成立新公司，并由该荷兰新公司收购博格公司，继而剥离有垄断嫌疑的标准罐箱业务，以此绕过欧盟的反垄断调查。

依据欧盟反垄断法律制度，欧盟委员会只处理在欧盟范围内具有影响的合并，这类合并需同时符合两个要求：一是参与合并的企业在全球及欧盟的年销售额达到一定金额；二是这些企业在欧盟市场年销售额的 2/3 以上来自不同的欧盟成员国。如图 2－2 所示，调整后的交易架构，中集通过其比利时子公司间接控股荷兰博格（80% 股份）；从

[1] 郑磊：《中集集团控股荷兰博格》，载《商界（中国商业评论）》2007 年第 4 期。

交易主体来看，由在荷兰设立的 Newco 收购荷兰设立且主营业务在德国的荷兰博格，加之荷兰博格将道路运输车辆和静态储罐业务剥离给 Newco 之后，依据欧盟反垄断法的规定，在调整后的交易架构中，合并双方无论是销售额总数还是销售额在国别间的分配，都达不到需提交欧盟委员会审批的条件，因而合法地规避了欧盟委员会的反垄断审查。

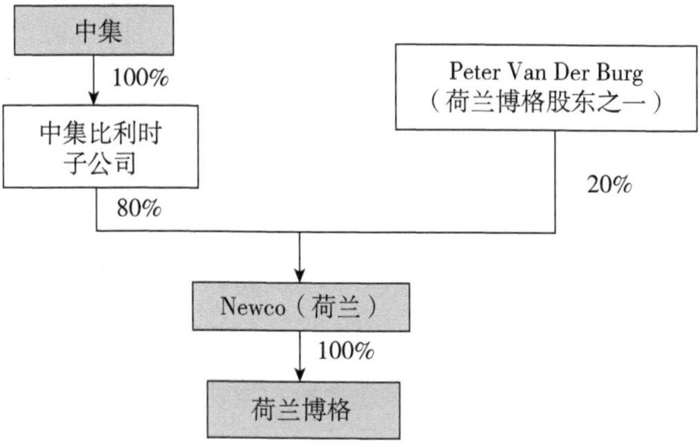

图 2－2　中集间接收购荷兰博格交易架构

资料来源：依据媒体公开报道整理。

从中集调整战略转而间接收购荷兰博格的成功案例可以看出，东道国反垄断审查制度并非不可逾越，只要对其深入研究、充分准备，就可能通过合法、合理的方式予以规避，从而控制对外投资的法律风险和合规成本，提高对外投资的成功率。

（七）华为收购 3Com[1]及 3Leaf[2]

2007 年、2010 年，华为相继收购美国 3Com、3Leaf 公司股权，均

〔1〕 明叔亮：《华为收购 3Com 始末：决定性因素是实绩》，载和讯网，http：//futures. money. hexun. com/2563879. shtml，2007－10－26/2020－08－16。

〔2〕 宋强、朱一康：《浅析中国企业跨国并购风险——基于华为收购 3Leaf 部分资产案》，载《经济师》2011 年第 4 期。

未能通过美国外国投资委员会的国家安全审查，涉及的东道国法律制度主要为国家安全审查法。

1. 收购过程

收购方华为，是中国两大电信设备制造商之一。目标公司 3Com，是美国一家网络连接产品及服务供应商。目标公司 3Leaf，是美国一家服务器技术公司，其主要产品为 V－8000 Virtual I/O 服务器。

2007 年 9 月，华为与美国私募基金贝恩联手收购 3Com。2007 年 10 月，贝恩与 3Com 联合向 CFIUS 申请国家安全审查，遭到八名美国国会议员的联合反对。2008 年 1 月，CFIUS 决定延长本次交易的审查期限。2008 年 2 月，华为、贝恩决定撤回收购申请。

2010 年 7 月，华为向宣布破产的 3Leaf 发出收购要约，并主动向 CFIUS 申报。2011 年年初，美国国会认定此项收购可能威胁美国的网络安全，建议 CFIUS 要求华为放弃收购。2011 年 2 月，CFIUS 要求华为自愿放弃这一收购，华为在抗争无果后，声明放弃对 3Leaf 的收购。[1]

2. 合规指引

无论是 3Com 还是 3Leaf 都属于美国政府高度关注的信息科技、网络安全和电信行业，只要涉及外资收购，无论收购的股权比例多大，都须经 CFIUS 审核批准。华为对 3Com、3Leaf、摩托罗拉、2Wire 这些美国企业频频出手，华为创始人退役军人的背景身份，以及华为在国内享受中国政府对高科技企业的税收优惠及科研支持等，这些都让美国政府格外警觉，成为 CFIUS 对华为收购美企屡屡阻挠的主要原因。

华为在美国电信、网络行业的投资收购，想要获得美国政府的许可，在优化公司治理结构、建立信息披露制度、调整对外投资的具体

---

〔1〕 *Cfius and Huawei*：*Better to Seek Forgiveness Than Get Permission*?，https：//www.morganlewis.com/pubs/cfius－and－huawei－better－to－seek－forgiveness－than－get－permission，2011－02－18/2020－08－17.

方式和渠道方面还有待进一步改进。

（八）上汽投资双龙汽车[1]

2009 年，上汽收购韩国双龙汽车股权，在收购完成后的实际经营阶段，因韩国劳工权益法合规风险而亏损，涉及的东道国法律制度主要为劳工权益法。

1. 投资经营过程

收购方上汽，是中国三大汽车制造商之一。目标公司双龙汽车，主营四轮驱动汽车、大型客车、特种车的制造。2004 年 10 月，上汽以 5900 亿韩元的价格获得双龙汽车 48.9% 的股权。

2006 年 7 月，双龙汽车数百名工会会员因劳资矛盾罢工，反对裁员和技术外泄，长达 40 余天的罢工导致双龙减产及高额经济损失。2008 年，双龙汽车出现严重资金短缺，继而在 2009 年 1 月申请破产。2010 年 11 月，印度 Mahindra & Mahindra 集团购得双龙汽车 70% 的股权。上汽最终失去对双龙的控制权。[2]

2. 合规指引

上汽投资双龙汽车以减持股权和巨额亏损告终的原因很多，其中一个重要方面就是对韩国劳动法律及工会制度缺乏了解和重视。国外特别是发达国家的劳工权益保护制度比较健全，工会组织的规模和势力都很强大。以双龙汽车为例，双龙汽车共有 1 万多名员工，其中 70% 以上加入了工会，工会设有 100 多名专职人员，以维护工会成员权益为己任。工会不仅有权组织罢工维护职工权益，参与劳资纠纷的谈判与磋商，对于企业改制、重组、并购等重大决策也有充分的参与

---

〔1〕 俞佳华：《浅析中国上市公司海外并购所面临的风险——以上汽集团并购韩国双龙汽车为例》，载《财经界（学术版）》2014 年第 8 期。

〔2〕 魏涛：《中国企业海外并购无形资源获取及对策研究——基于联想集团并购 IBMPC 业务与上汽集团并购韩国双龙汽车的案例分析》，载《宏观经济研究》2016 年第 6 期。

权，而且韩国的劳工权益法也注重对劳工和工会权益的保护。在工会罢工期间，资方依法须按时支付工人工资，示威团体依法还有权从韩国政府获得无偿援助。上汽对此没有充分的前期调查和预案，最终陷入被动，双龙汽车在劳资纠纷及资金短缺的双重压力下一步步走向破产，成为中国企业对外投资触发劳工法律风险的前车之鉴。

（九）中铝投资秘鲁铜业公司[1]

2014 年，中铝收购秘鲁 Peru Copper Inc.（以下简称 PCI）股权，在收购完成后的实际经营阶段，因违反秘鲁环境保护法导致经营亏损，涉及的东道国法律制度主要为环境保护法。

1. 投资经营过程

收购方中铝，是中国最大的氧化铝和原铝生产商。目标公司 PCI 通过与秘鲁某国有公司签署期权协议获得秘鲁特罗莫克铜矿的开发选择权。2007 年 8 月，中铝通过收购 PCI 取得该铜矿项目。

2011 年，特罗莫克铜矿项目主体工程获得施工许可，并于 2013 年 12 月开始试生产。2014 年 3 月，秘鲁环境部在特罗莫克铜矿排放物中检出酸性污染物，并要求暂停对该铜矿的采矿试生产活动。2014 年 4 月，在特罗莫克铜矿完成水管理系统的优化改善后，秘鲁环境部经现场检测解除了停产措施。

2. 合规指引

矿产资源开发仍是中国企业对外投资的主要行业和领域，而且矿产资源多数集中在拉丁美洲、非洲、东南亚这些生态脆弱的地区或国家。如果在当地投资对环保不够重视，很容易引起环境问题。近年来，中国对外投资的重要东道国，如秘鲁、肯尼亚、尼日利亚等国，纷纷颁布环境保护法，以加强对本国环境的保护力度，这为中国企业在当

---

〔1〕 王昶、敬章洲：《多地资本市场对企业海外社会责任事件的反应研究——基于中铝秘鲁特罗莫克铜矿环境事件的研究》，载《金融理论与实践》2016 年第 6 期。

地投资增加了环保合规成本。此外，有的中国企业对环保问题重视不足，与非政府环保组织的沟通经验不足，这也导致中国企业对外投资过程中承受来自当地民众以及环保组织的压力，若不能妥善解决，将增加合规风险。尽管中铝秘鲁铜矿这次停产时间不长，但停产停工、修建环保设施、优化排污系统，不仅会增加合规成本，也会因延误生产造成损失。

事实上，中铝为收购 PCI 以及推进特罗莫克铜矿项目的投产，前期花费了大量的精力和经费，也完成了相应的环评程序；但事先做好环评并不意味着就可以一劳永逸，环保合规对于能源采矿企业而言是一项需要长期履行的义务，需要纳入日常经营管理中。对此，中国企业需要提前制订相应的方案与规划，以防环保合规风险。

（十）联想收购 IBM 全球 PC 业务[1]

2005 年，联想收购美国国际商业机器公司（International Business Machines Corporation，IBM）个人计算机（Personal Computer，PC）业务，收购后成功整合并获得投资收益，涉及的东道国法律制度主要为知识产权法及劳工权益法。

1. 收购及整合过程

收购方联想，是中国最大的电脑及手机产品及服务供应商之一。目标公司 IBM，是全球最大的信息技术和业务解决方案供应商，也是全球三大 PC 生产商。2003 年年底，IBM 考虑剥离日益亏损的 PC 业务。联想希望收购该 PC 业务，借助 IBM 的品牌和技术，提升联想的品牌影响力和技术水平。

2004 年 12 月，联想以 12.5 亿美元的价格（包括 6.5 亿美元现金和 6 亿美元等值的联想股票）协议收购 IBM 全球 PC 业务，包括 IBM

〔1〕 徐加、付建彬：《联想收购 IBM 全球 PC 事业部案例分析》，载《经济论坛》2005 年第 22 期。

台式机、PC 业务及相关技术和销售渠道，ThinkPad 品牌及专利技术，以及 IBM 两处研发中心。股权交割后，联想跃居全球三大 PC 生产商之一，同时获得 IBM 全球 PC 业务的品牌、技术以及全球经销网络和国际市场份额。

收购完成后，联想仅用 3 年时间就将 IBM 的 PC 业务扭亏为盈，2007～2008 财政年度的利润提高 237%，成为仅次于戴尔、惠普之后的全球第三大 PC 生产商，2018 年联想 PC 销量更是位列全球第一。在世界品牌实验室公布的 2012 年《中国 500 最具价值品牌》排行榜中，联想位列第 11，品牌价值由 2004 年的 601 亿元上升至 2012 年的 876 亿元，品牌价值增长了近 300 亿元。[1]

2. 合规指引

联想能在收购后获得利润及品牌上的重大收获，主要得益于联想收购后对 IBM 全球 PC 业务的有效整合。从法律角度来看，最值得关注的是联想对 IBM 品牌及员工的整合经验，这是建立在充分了解并遵循东道国知识产权法和劳工权益法的基础上的。众所周知，美国对于知识产权及劳工权益的保护力度高于世界上大多数国家，因而在美国知识产权法及劳工权益法的合规成本很高。对此，联想做了充分的准备和应对方案。

在知识产权方面，联想在与 IBM 签订交易协议之时，就明确约定 12.5 亿美元收购的对价不仅包括 PC 业务及其销售渠道，也包括与之相关的所有知识产权，包括 ThinkPad 品牌及相关专利，以及未来将产生更多新技术新专利的研发团队。不仅如此，联想还获得 5 年内使用 IBM 品牌及其商标的权利。事实上，联想正是凭借 IBM 的品牌使用权，在收购后的几年内借用 IBM 的高品牌价值、高科技含量的形象，

---

〔1〕 *Lenovo's Successful Acquisition of the IBM PC Division*，https：//www.emerald.com/insight/content/doi/10.1108/SD－06－2016－0090/full/html，2016－09－12/2020－08－17.

以 IBM 的品牌效应带动联想品牌的拓展，提高了联想品牌在全球的知名度，联想也从国际上不知名的中国企业，转变为占有全球 PC 市场最大份额的跨国公司。

在劳工权益方面，联想在严格遵循东道国劳动法律制度的基础上，展开对 IBM 员工和联想员工的有效整合。特别是在员工薪酬方面，美国法律对于劳工薪酬及养老金计划方面的保护非常有力，劳动法合规成本相对较高。为了维护中西方员工的薪酬平衡，联想先承诺 IBM 原有员工 3 年内薪酬水平不变，而后逐步调整薪酬方案：针对原 IBM 员工下调固定工资比例，提高可变薪酬比例，对于原联想员工则相反，由此逐渐实现全体员工薪酬一体化。实践证明，联想的这一做法卓有成效，避免了类似上汽收购双龙汽车或是 TCL 收购阿尔卡特所遇到的劳资冲突或紧张关系，为后期的整合进程奠定了重要基础。

三、案例汇总与结论

依据上述案例事实，将各个案例的投资成效影响因素进行整理，如表 2－4 所示。

从表 2－4 可以看出，在投资进入阶段，影响中国企业对外投资成效的东道国法律制度主要包括东道国的外资准入制度、国家安全审查制度、反垄断审查制度，在投资落地后经营阶段关系企业投资成效的法律制度包括劳工权益法律制度、环境保护法律制度、知识产权保护制度等。此外，面对同样的东道国法律制度，中国企业投资获得的成效不尽相同。例如，同样面对美国的国家安全审查制度，艾派克收购利盟国际、双汇收购史密斯都获得了成功，但中海油收购优尼科、华为收购 3Com 及 3Leaf 则以失败而告终。除目标公司是否涉及战略性行业或敏感领域之外，中国企业在收购过程中是否选择合适的投资主体、是否提前制订并有效实施合理的收购及整合方案等因素，是决定收购成效的关键因素。

表 2－4　典型案例投资成效影响因素汇总

收购项目	东道国	适用东道国法律制度		影响投资成效的调节因素			结果
		投资进入合法性制度	经营落地后经营合规性制度	投资主体	目标公司	投资方式	
艾派克收购利盟国际	美国	国家安全审查制度				√ 制订收购方案及整合方案	√
双汇收购史密斯	美国	国家安全审查制度		√ 完善公司治理，调整所有制性质	√ 非战略性行业或敏感领域	√ 制订收购方案及整合方案	√
中石化收购 Daylight	加拿大	外资准入审查制度		√ 以境外子公司实施收购	√ 非战略性行业或敏感领域		√
中铝收购力拓	澳大利亚	外资准入审查制度				× 未把握好收购的时机，未能在目标公司财务状况最严重时完成收购	×
中海油收购优尼科	美国	国家安全审查制度			× 战略性行业或敏感领域	× 未就 CFIUS 审批做好安排	×
中集收购荷兰博格	荷兰	反垄断审查制度		√ 新设境外子公司实施收购		√ 针对东道国法律及时调整收购策略及交易架构	√

续表

收购项目	东道国	适用东道国法律制度		影响投资成效的调节因素			结果
		投资进入合法性制度	经营落地后经营合规性制度	投资主体	目标公司	投资方式	
华为收购 3Com 及 3Leaf	美国	国家安全审查制度		× 股权结构及公司治理不透明	× 战略性行业或敏感领域		×
上汽投资双龙汽车	韩国		劳工权益法律制度			× 未就东道国法律制度提前调查并制订预案	×
中铝投资秘鲁铜业公司	秘鲁		环境保护法律制度		× 收购后未加强目标公司（海外子公司）的合规管理	× 未就东道国法律制度提前调查并制订预案	×
联想收购 IBM 全球 PC 业务	美国		知识产权及劳工权益法律制度			√ 制订收购方案及整合方案 √ 充分理解并遵循东道国知识产权及劳动权益法律制度	√

注：“结果”一栏中，√为成功，×为失败。在“影响投资成效的调节因素”中，√为促使投资成功的因素，×为导致投资失败的因素。

由此可见，东道国法律制度并不独立发挥作用，中国企业对外投资成效受多种因素影响：除东道国法律制度本身之外，还包括投资主体的所有制性质、投资动因，目标公司所涉行业及领域、资产分布地区、市场占有率，以及具体投资方式包括交易架构、融资方式、整合方案等。

例如，同样是中国企业在美国投资，中海油收购的优尼科处于美国政府严格管制的能源领域；而双汇收购的史密斯涉及肉类食品行业，不属于美国政府禁止或限制外商投资的战略性行业或敏感领域，因而双汇获得 CFIUS 批准的可能性更大。再如，同样属于电子信息行业，联想收购的 IBM 全球 PC 业务属于互联网终端产品领域，相比华为收购的 3Com 及 3Leaf 所属的电信网络服务领域，更不具有涉及国家安全的敏感性，因而更容易获得审批。除外在因素之外，中国企业对外投资的方案方法，也直接关系到投资收购的成效。最典型的例子是中集收购荷兰博格：在最初的并购方案被欧盟委员会否决后，中集深入研究欧盟反垄断审查制度，及时调整交易架构，通过与卖方在欧洲境内合资设立子公司并适当剥离相关业务，成功绕过欧盟委员会的反垄断审查从而如愿投资荷兰博格，这种合法规避的做法给中国企业对外投资提供了很好的示范。

面对相同的东道国法律制度，中国企业的对外投资结果也成败参半，因主体客体而异，因方式方法而异。无论是联想收购 IBM 全球 PC 业务、双汇收购史密斯，还是中石化收购 Daylight、中集收购荷兰博格，这些收购的成功都离不开对东道国法律的深入理解和充分准备。因此，深入研究东道国法律制度及其对中国企业 OFDI 成效的影响，对于中国企业对外投资实践具有重要的现实意义。

本章小结

经过数十年的发展，中国企业在对外直接投资实践中积累了丰富的经验，也吸取了教训。尤其是在近 20 年的对外直接投资过程中，中国企业诸多对外直接投资案例中呈现的投资成效也不尽相同，充分体现了东道国法律制度在影响中国企业对外直接投资成效中的重要作用，为我们理论研究提供了很好的样本。

本章按照相应标准选取了有代表性的十项案例，从东道国法律制度影响投资成效的视角，逐一解析各个案例中中国企业对外直接投资获得不同成效的个案原因及其受东道国法律制度的影响情况，为下一步理论及实证分析提供实例支撑。

第三章　东道国法律制度对中国企业 OFDI 成效的影响机理

中国企业对外直接投资的成效将受东道国相关法律制度的直接影响，也会因企业异质性因素的不同而不同。道格拉斯·诺斯（Douglass North）认为，制度在社会中具有基础性的作用，是决定长期经济绩效的根本因素。法律制度具有稳定性、强制性的特性，是最具普遍性的制度形式，因此是决定经济发展绩效最直接的因素。在所有相关法律制度中，东道国法律制度相比母国法律制度以及国际投资规范，对于企业对外直接投资活动的影响更为直接。东道国法律制度对中国企业 OFDI 成效的影响在投资进入阶段及投资后的经营阶段分别呈现不同的特点，而且影响效果受到企业异质性因素的调节。

本章将依据相关经济学理论就东道国法律制度对中国企业 OFDI 成效的影响机理以及企业异质性因素在此过程中的调节作用进行分析。

第一节　东道国法律制度影响中国企业 OFDI 成效的作用机制

一、东道国法律在投资进入阶段的负向效应

在投资进入东道国阶段，中国企业作为“外来者”，面临东道国与母国制度距离导致的外来者劣势（liability of foreignness）（Zaheer，1995）。对于外来者而言，这种劣势体现为不熟悉障碍、关系障碍和合法性障碍，为了消解这些障碍，外来者不得不承担东道国本土企业无须承担的额外危害和成本，从而降低投资企业的绩效水平和成功率（Jiang et al.，2016；赵云辉等，2020；赵君丽和童非，2020）。具体体现在以下几个方面。

1. 不熟悉障碍

不熟悉障碍既包含外来企业对东道国环境、制度、规则、商业惯例的不熟悉，又包含东道国政府、同行企业及消费者对外来企业的不熟悉。前者将导致外来企业信息滞后、决策失误等不利后果（Zaheer and Mosakowski，1997；Wu and Lin，2010），从而降低投资进入的成功率；而后者将导致东道国政府及供应商、经销商、消费者等利益相关者对外来企业产生歧视性偏见（Denk et al.，2012；徐涛等，2014），并在政策制定、商业合作、消费者选择等方面采取不公平对待，严重阻碍外来企业竞争优势的发挥，从而降低企业创新绩效及投资绩效（Yu and Kim 2013；Baik，2013）。

2. 关系障碍

关系障碍不但体现在东道国供应商、经销商、消费者等利益相关者与外来企业之间的信任关系障碍，也体现为外来企业在东道国管理企业内部关系时与当地员工的关系障碍。由于母国与东道国存在文化

差异和制度差异，外来者在东道国投资的企业内部往往存在更大的冲突，从而增加企业的内部治理成本，也会妨碍东道国子公司与母国集团公司之间协同效应的发挥（Johanson and Vahlne，2009；张金清和肖嘉琦，2018）。

3. 合法性障碍

合法性障碍，是指东道国监管者及其他利益相关者对外来者合法身份的认同障碍，尤其是东道国监管者基于歧视而对外来企业设定更高的市场准入标准，从而使外来企业在进入东道国时面临更大的难度和阻力（Bhanji and Oxley，2013；Husted et al. ，2016）。合法性障碍还会使外来企业在参与东道国市场竞争时触发东道国制度的自我保护机制，从而降低外来企业经营的绩效水平（Holburn and Zelner，2010；Berry et al. ，2010）。

东道国法律制度作为东道国制度的集中体现，某种程度上将赋予外来者劣势以合法化的形式。因此，这一阶段，东道国法律对中国企业 OFDI 成效主要呈负面的抑制效应。

二、东道国法律在投资落地后经营阶段的正向效应

中国企业成功进入东道国之后，与投资进入阶段不同的是，两国制度距离所带来的外来者劣势被逐渐克服：合法性障碍在中国企业获得东道国监管机构审批通过之时即被消解；不熟悉障碍也将随着中国企业融入东道国当地而逐渐削弱；至于关系障碍，中国企业也能够借助目标公司在当地长期的合作关系而逐渐弥补，从而有助于中国企业更好地进入东道国市场。因此，在这一阶段，制度距离及其导致的外来者劣势对中国企业的负向效应被有效抑制。

与此同时，东道国法律制度质量对于在该国经营的中国企业的正向效应也逐渐彰显。从法律适用角度来看，一旦中国企业成功进入东道国境内进行经营活动，实际经营的主体均为在东道国当地、依东道

国法律设立的企业。从这个意义上讲，中国企业在东道国当地投资的从事实际经营活动的主体，与东道国其他企业一样，平等地适用东道国相关法律规定，也同样享受东道国制度维持经济秩序、保障经济活动良好运行所带来的益处。

法律制度影响经济活动绩效，主要通过为经济活动建构秩序、保障经济活动有序进行的方式实现。因此，东道国法律制度对中国企业 OFDI 绩效的正向效应主要体现在以下几个方面。

1. 降低交易成本

完善的东道国法律制度，往往在合同履行责任、市场信息披露、市场公平竞争、投资者权益保护方面有一系列的规范制度，这些制度能够有效降低市场交易成本、减少企业经营风险、保障投资者的合法收益。东道国法律制度的缺失将导致东道国市场信息不畅、市场秩序混乱、寻租乱象丛生，企业在经营过程中不得不承担额外的交易成本，难以获得预期投资绩效（王建和张宏，2011；邓明，2012；祁春凌和邹超，2013）。

2. 提高生产效率

健全的东道国法律制度，意味着东道国拥有较好的基础设施质量、市场竞争机制、社会治理能力，能够减少因信息不对称产生的资源配置失灵和非生产性浪费（刘晓丹和衣长军，2017）。在这样的法律制度背景下，企业能够以公平合理的价格获取生产经营所需的资源，减少不确定性和额外成本，增加生产经营效率，确保稳定的收益预期（Blyde and Molina，2015；胡兵等，2013）。

3. 提升创新绩效

对外投资企业实现绩效的一个重要方面就是通过技术吸收实现创新绩效。东道国完善的产权保护、产权交易等法律制度，能够保障企业在公平、透明、稳定的环境下有效吸收并运用东道国技术资源，继续投入研发从而创造技术上的竞争优势，提高投资企业的技术绩效和创新绩效（蒋冠宏和蒋殿春，2014；李梅和余天骄，2016；黄远浙等，2021）。

综上可知，在投资落地后经营阶段，一方面，中国企业因制度距离（外来者劣势）所受的负向影响得到有效抑制；另一方面，中国企业 OFDI 绩效又受东道国法律制度质量的正向影响，二者此消彼长。因此，东道国法律制度在这一阶段对于中国企业 OFDI 绩效而言整体呈现正向效应。

三、异质性因素对东道国法律影响的调节效应

企业作为从事对外直接投资的主体，对于对外直接投资活动的实施和效果起到决定性的作用。投资企业的异质性及其选择的投资标的、投资方式的异质性，都将影响对外投资活动的最终结果。企业异质性因素对东道国法律的调节作用，在两个不同阶段也呈现不同的特征。

（一）投资进入阶段弱化东道国法律的负向效应

在投资进入阶段，对于东道国法律制度的负向效应和抑制作用，投资企业、投资标的、投资方式等方面的异质性能够进行抵消、克服，从而提高企业投资进入的成功率。

1. 投资企业异质性消解外来者劣势

大多数学者认为外来企业在进入东道国过程中遵循东道国法律制度将降低外来者的合法性障碍（Moeller et al.，2013；Mallon and Fainshmidt，2017）。另有研究发现投资企业的跨境收购经验会弱化制度距离（外来者劣势）对企业对外投资绩效的负向影响（杨利红和袁鸿超，2021），具体而言，投资企业与东道国企业的合作经验，有助于积累东道国信息，可以降低不熟悉障碍（Wu and Lin，2010；Klossek et al.，2012；Alcantara and Hoshino，2012；Baik et al.，2013）。外来企业的商业模式及组织架构与东道国企业的相似性，也会增加东道国监管者及利益

相关者的认知度，从而弱化外来企业的合法性障碍（Kostova et al.，2008；Mariotti et al.，2014）。因此，投资企业在所有者性质（股权分散化）、组织架构（公司治理现代化）、国际合作经验等方面的异质性，都会对外来者劣势障碍起到消解的作用。

2. 投资标的异质性消解外来者劣势

部分研究还注意到如果外来者能够与东道国利益相关者建立良好的网络关系，可以增强外来者在当地的认知度，从而提高外来者的合法性（Cuervo - Cazurra and Genc，2008）。外来企业可以通过选择合适的投资标的（目标公司），向其学习在当地开展业务的经验，通过其打通与东道国政府的良好沟通关系，还可以分享其在当地市场的网络和商誉，从而更好地获得并利用当地资源，服务于外来企业的投资目标（Asmussen and Goerzen，2013）。投资企业与投资标的之间的双边投资合作关系对制度距离与企业投资绩效之间的关系具有调节作用，会弱化制度距离（外来者劣势）对企业投资绩效的负向影响（杨利红和袁鸿超，2021）。由此可知，投资标的（目标公司）在业务经验、市场网络、政府关系等方面的异质性关系投资企业能否与其建立良好的网络关系，从而帮助外来企业克服外来者劣势。

3. 投资方式异质性消解外来者劣势

现有研究已证明外来企业通过前期调查和学习充分了解东道国信息，能够协助投资者决策，降低不熟悉障碍导致的决策失误（Miller and Eden，2006.），也有助于增加其适应东道国的能力，从而弱化外来者劣势（Petersen and Perdersen，2002）。外来企业还可以通过委托公关机构进行舆论公关，向东道国利益相关者披露自身的信息以加深其了解，从而降低关系障碍（Elango B.，2009）。还有学者发现外来企业通过变控股收购为参股收购，与东道国本土企业合作合资，采取东道国企业的经营模式，可以消解关系障碍和不熟悉障碍（Barnard H.，2010；Vahlne and Johanson，2013）。外来者也可以通过加强东道国子公司的合规建设，获取经营的“合法性”，削弱外来者的合法性障碍（Barnard H.，2010；Chelariu et al.，2014）。无论是开展前期调查、委托舆论公关、调整投资模式、加强合规建设，这些投资方式的异质性，对于克服外来者劣势都能发挥重要作用。

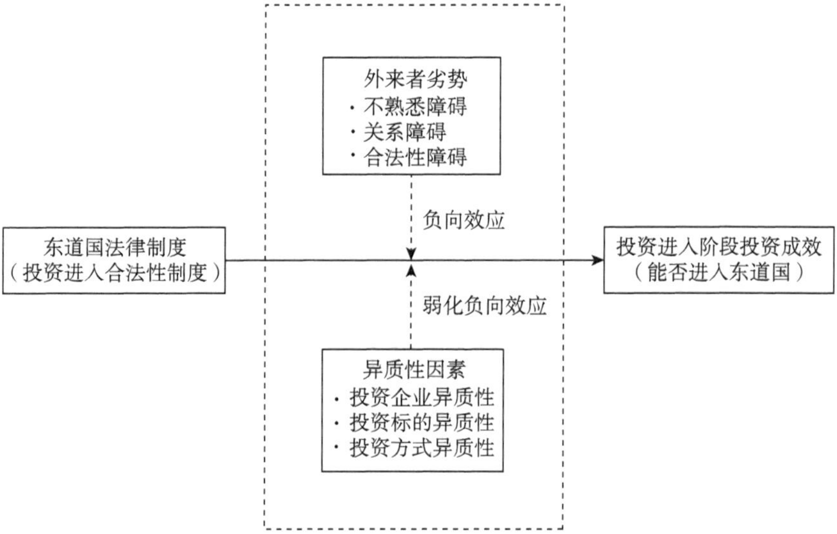

图 3－1　投资进入阶段东道国法律制度对中国企业 OFDI 成效的影响机理

如图 3－1 所示，在投资进入阶段，东道国法律制度基于外来者劣势理论，对于中国企业这一外来者具有排斥和抵制作用，对于中国企业 OFDI 成效产生负面效应，而投资企业、投资标的、投资方式等异质性能够弱化这一负向效应，抵消或弱化东道国法律制度的约束或限制。东道国法律制度结合异质性因素的影响，共同决定中国企业进入东道国的成功率。

（二）投资落地后经营阶段促进东道国法制正向效应发挥或弥补法制缺失

在投资落地后的经营阶段，对于东道国法律制度的正向效应和促进作用，异质性因素能够帮助企业更好地利用，从而最大限度地获取投资绩效。东道国法律制度对于投资企业而言属于外生因素，外生因素只有作用于内生因素才能发挥其效应，即东道国法律制度只有依托于微观企业才能发挥其规范的作用。这一阶段，异质性因素调节作用的发挥可区分为两种情形。

1. 企业异质性因素促进东道国法制正向效应的发挥

当东道国法律制度相对完善时，投资企业、投资标的、投资方式相关的异质性因素有助于促进东道国法制正向效应的发挥。已有研究发现，在东道国法律制度环境确定的情况下，企业在劳动力密集程度、对外扩张速度、认知合法性、投资模式方面的异质性能够显著促进对外投资回报率提高（周燕和郑涵钰，2019；张海波和李彦哲，2020；杨亚平和杨姣，2020；王孝钰和郝莉莉，2021）。以生产效率异质性为例，赵云辉等（2020）认为，在相同的东道国制度环境下，具有较高生产效率的投资企业更能发挥东道国市场及资源带来的正向效应。

2. 企业异质性因素弥补东道国法制的缺失

在东道国法律制度不够完善的情况下，投资企业、投资标的、投资方式相关的异质性因素有助于弥补东道国法制的缺失。有学者分析认为，企业在生产效率、国际经验等方面的异质性能够弥补东道国制度环境的不足，弱化东道国市场条件不足对企业 OFDI 的负向作用（朱荃和张天华，2017；金中坤和潘镇，2019；赵云辉；2020）。以国际经验异质性为例，赵云辉等（2020）认为，企业丰富的国际化经验，使企业能够快速收集消化东道国市场信息并灵活应用，作出适应东道国制度环境的生产经营决策，进而有效获取东道国劳动力与市场资源。

如图 3－2 所示，在投资落地后经营阶段，无论东道国法律制度完善与否，投资企业、投资标的、投资方式等方面异质性因素都能够对东道国法律制度影响中国企业 OFDI 的成效发挥调节作用。

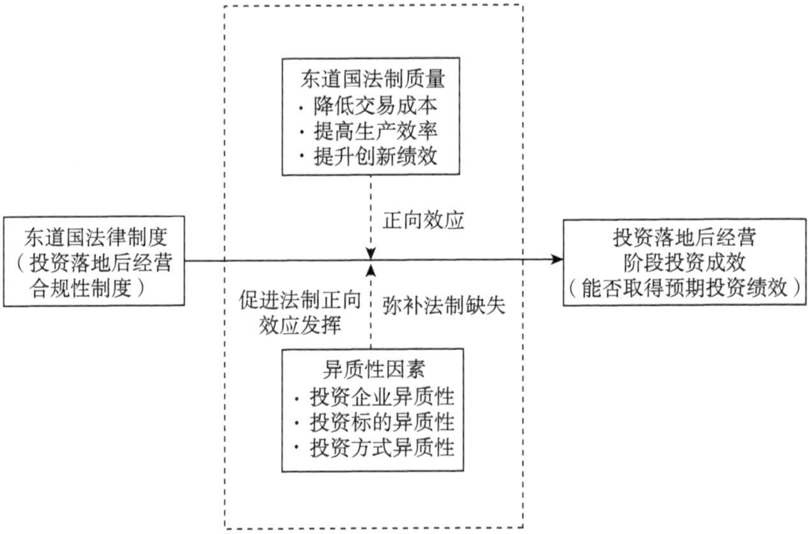

图 3－2　投资落地后经营阶段东道国法律制度对中国企业 OFDI 成效的影响机理

四、东道国法律与企业异质性因素的综合作用

东道国法律制度与企业异质性因素二者综合作用，共同影响中国企业 OFDI 的成效，而且在投资进入及投资落地后经营两个阶段分别呈现不同的影响效应（见图 3－3）。

首先，在投资进入阶段，东道国法律制度基于与母国间的制度距离，对中国企业 OFDI 施以外来者劣势的压力。这种劣势为中国企业带来不熟悉障碍、关系障碍和合法性障碍，从而降低中国企业成功进入东道国的概率。这一阶段适用的东道国法律制度主要包括外资准入制度、国家安全审查制度、反垄断制度、证券法制度等投资进入合法性制度。而投资企业、投资标的、投资方式等方面的异质性因素能够有效调节这一阶段东道国法律制度的负向效应，消解外来者劣势带来的诸多障碍，尤其是合法性障碍，从而弱化东道国法律制度的抑制作用。

其次，在投资落地后经营阶段，中国企业已成功进入东道国，其

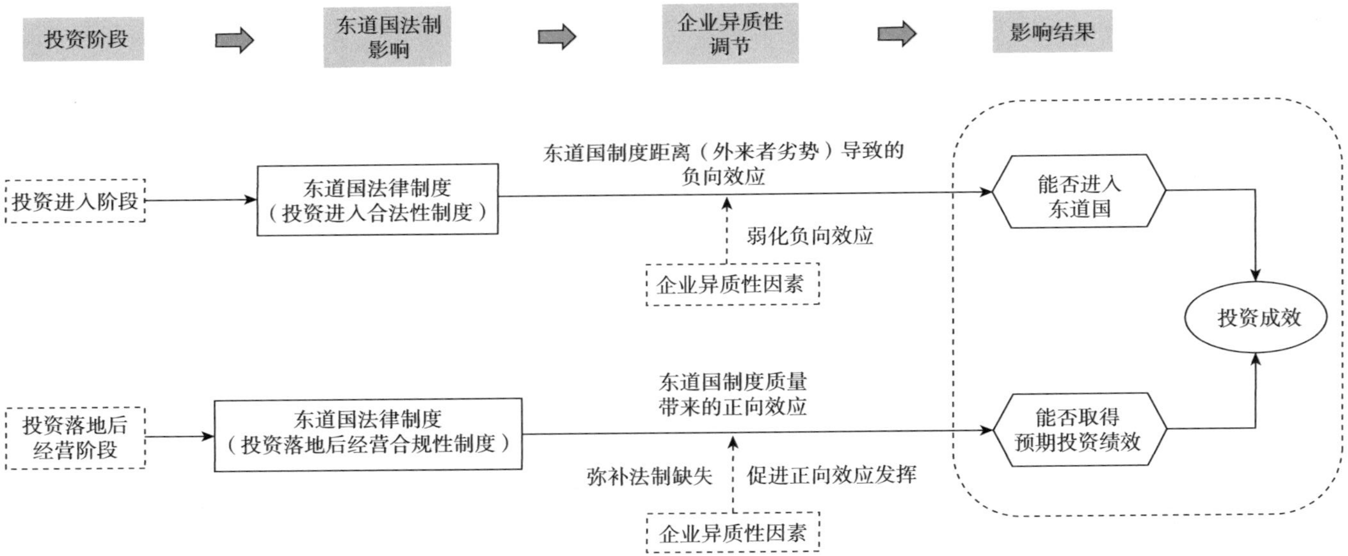

图3–3 东道国法律制度与企业异质性因素对中国企业OFDI成效的影响机理

面临的外来者劣势将逐渐削弱，继而与东道国本土企业平等适用东道国有关企业经营的合规性法律制度，同样享受东道国制度维持经济秩序、保障经济活动良好运行所带来的益处。因此，这一阶段东道国法律制度对中国企业 OFDI 成效的影响主要表现为制度质量带来的正向效应和促进作用。当东道国法律制度相对完善、显著发挥正向效应时，企业异质性因素能够促进这一正向效应的有效发挥，帮助企业最大限度地获取投资绩效；如若东道国法律制度不够完善，尚未充分发挥正向效应时，企业异质性因素也可以在一定程度上弥补东道国法律制度的缺失，帮助企业适应东道国制度环境，有效获取东道国劳动力与市场资源，从而提高其投资的绩效。

由此可见，东道国法律制度在企业异质性因素的调节作用下，在不同阶段对中国企业 OFDI 的成效产生不同的影响。

第二节　影响中国企业 OFDI 成效的东道国法律制度

为使研究更有针对性和实效性，本书将重点分析对中国企业对外投资影响最直接、最普遍的东道国法律制度，具体包括两大类：一类是投资进入合法性制度，如东道国外资准入制度、国家安全审查制度、反垄断审查制度等；另一类是投资落地后经营合规性制度，特别是与中国企业对外投资密切相关的东道国安全生产法、劳工权益法、环境保护法、知识产权法、出口管制法等。

之所以要做合法性及合规性的区分，原因在于合规性的范围要广于合法性。“合规”中的“规”不仅包括国家制定的法律法令，还包括行业自律规范、商业惯例或诚信伦理、企业内部规章制度以及企业与第三方签订的合同及协议等。在投资进入阶段，中国企业作为外资需要遵循的“法”通常仅限于东道国直接规范外商直接投资的法律制度；在投资落地后的准入阶段，中国企业需要遵循的“规”不仅包括东道国法律制度，也包括相关行业自律规范、商业惯例、已签协议等所有制度规范。

对外直接投资包括跨境收购和绿地投资两种方式。本章之所以将跨境收购作为梳理东道国法律制度的样本，是因为某种程度上绿地投资所面临的东道国法律制度与跨境收购完成后长期经营阶段面临的法律制度是相同或相似的，因而收购行为合法性制度以及收购后经营行为合规性制度能够涵盖两种对外直接投资行为所面临的东道国法律制度。

东道国法律制度的完善程度与中国企业在当地投资的成功率并非呈正相关。通常在收购实施阶段，由于外来者劣势的影响，东道国严格的外资审查制度，意味着外资获得政府审批成功进入东道国的难度更大。而在收购后经营阶段，长远来看，东道国法律制度平等适用于在其境内设立的所有企业（包括外商投资的企业），较健全的东道国法律制度意味着较高的政府治理水平和较稳定的社会秩序，更有利于提高投资企业的生产经营效益。

一、投资进入合法性制度

（一）外资准入制度

外资准入制度是东道国对外商投资设置的第一道制度屏障。为保障本国国民经济的安全有序发展，各国在对外资开放的同时，通常会就特定行业或领域对外资进入设置相应限制。目前，准入前国民待遇加负面清单是各国普遍采用的外资准入规制方式。对于国防、航空、通信、广播、保险、交通运输等行业或领域，各国往往严格禁止，或通过限定股权比例、获得特许等方式限制外资进入。

美国明确限制外商在保险、航空、海运、通信、金融等领域的投资：外国投资者非经州政府事先批准，收购该州保险公司股权不得超过10%；外国投资者不得收购美国航空公司25%以上的股权，而且美国国籍董事在航空公司董事会中的席位不得低于2/3；外国投资者对美国航海和内河航运的船运公司持股不得超过25%，在电话、电报、无线电等企业中持股不得超过20%；禁止外国投资者持股或控制的公司取得经营电视及无线电广播行业的特许权，或通信设备经营特许证；严格限制外国投资者通过收购方式进入金融领域。

欧盟委员会在2019年3月颁布外商投资法Regulation（EU）2019/452（以下简称“2019/452号法规”或《外商投资法》）[1]，明确限制外商投资能源、交通、电信、国防、航天、传媒、人工智能、机器人、量子技术、纳米技术、生物科技、关键物料供应、敏感信息获取或控制等行业或领域。该法虽未强令各成员国建立外商投资监管制度，但若某成员国已建立外商投资监管制度，则须确保其与该法规保持一致。截至目前，德国、法国、意大利等国已陆续依该法修订本国的外资准入制度。

德国、法国、英国、俄罗斯均明确禁止或限制外资进入核燃料生产、核反应堆项目、航天航空、国防军工、信息安全、银行保险、能源矿产、通信、交通运输等可能危及国防、公共秩序、公共安全的行业。在新冠疫情后，各国进一步将生物医药、个人防护用品、传染病诊疗设备及技术行业补充为限制外商投资领域。

依据欧洲中央银行2016年对各国外资准入制度的统计，欧洲对外资的限制少于经济合作与发展组织（Organization for Economic Co－operation and Development，OECD）成员国，而OECD国家对外资限制又比非OECD国家少。其中，加拿大、澳大利亚这些拥有丰富自然资源的发达国家通常对外资进入有较为严格的限制，而美国对外资准入的限制也严于欧洲平均水平。就欧洲而言，卢森堡、斯洛文尼亚、

[1] 参见《欧盟委员会公布的有关Regulation（EU）2019/452相关问题的回复》，载https：//trade. ec. europa. eu/doclib/docs/2019/june/tradoc_ 157945. pdf。

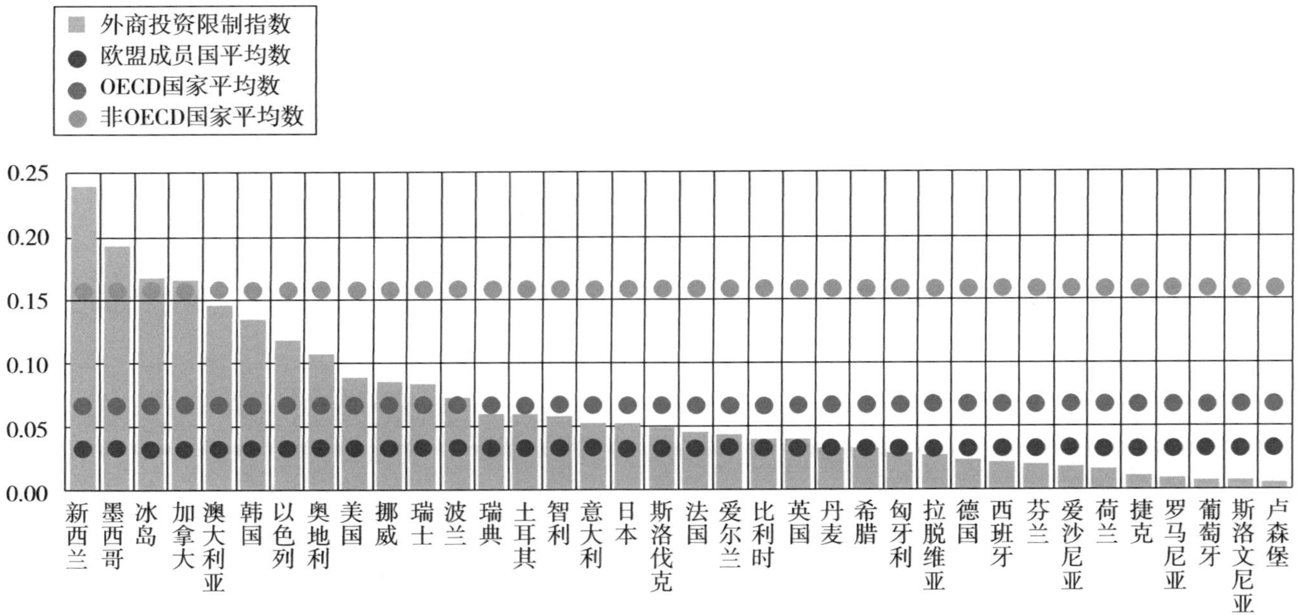

图3–4　2016年部分国家对外资准入限制程度对比

资料来源：依据OECD外商投资准入限制指数表[1]整理。

〔1〕OECD对36个国家22个行业或领域的外资开放制度进行梳理，主要判断依据包括4个方面：（1）外资持股比例限制；（2）外资审查和审批制度；（3）对外资聘用外国高管的限制；（4）其他运营限制，如设立分支机构、资本调回母国、土地 所有权等限制。

葡萄牙几乎对外资进入没有任何限制，而奥地利、波兰、瑞典、意大利、法国、斯洛伐克等国的开放程度高于欧洲平均水平（见图3－4）。不过在欧盟《外商投资法》颁布之后，各成员国将陆续修订国内外商投资法，加强外商投资监管力度、扩大限制外商投资的领域将是大势所趋。

东道国外资准入制度对企业对外投资的影响非常直接。相比国家安全审查和反垄断审查制度，外国投资者通常在投资启动后被动接受东道国主管机构的审查，外资准入审查则属于外国投资者在启动投资前主动依东道国外资准入制度进行的自查。自查内容包括两个方面：一是确认东道国某一领域是否对外资开放；二是确认外国投资者自身是否具备进入东道国该领域的资格。因此，外资准入自查，通常发生在投资准备阶段，外国投资者通过自行查询或委托专业机构对东道国的外资政策和产业政策进行调查，确定能否启动相应投资。

因此，在对外投资实施前，中国企业可以依据东道国的外资准入制度判断能否实施该领域的投资或调整投资方式。例如，如果该领域属于东道国限制外资持股比例的领域，则中国企业可以选择与东道国企业合资、合作或以协议控制的形式进行投资。

（二）国家安全审查制度

跨境投资或收购，并非买卖双方达成合意就可实现，当涉及东道国重点关注的战略性行业或敏感领域时，通过东道国的国家安全审查是交易得以进行的前提条件。从以往案例来看，国家安全审查已普遍成为各国企业进入东道国最大的“拦路虎”。

所谓外商投资国家安全审查，是指东道国基于维护本国经济安全的目的，对外国企业收购本国企业或入境直接投资，授权相关机构判断“该项外国投资是否会危害国家安全”，进而作出是否批准的决定。相比宏观的外资准入制度和外汇管制政策，外商投资国家安全审查制度更有针对性，对于不同背景、类型和动因的外国企业对境内特定行业、领域、实体的投资起到更直接、更具象的监管作用。

依据 2008 年 2 月美国国家审计署（GAO）对加拿大、英国、德国、法国、日本、中国、印度、俄罗斯、荷兰、阿联酋 10 个国家的外商投资审查制度调查结果，除荷兰和阿联酋之外，上述 10 国均有外商投资审查制度，而荷兰也于 2015 年建立了外商投资审查制度。中国企业近年来对外投资较为集中的发达国家，基本都制定了国家安全审查制度。

为保障国内经济安全、产业安全，越来越多的国家确立外商投资国家安全审查制度，作为监管外商投资的最后一道“防线”。中国企业在对外投资，特别是在海外收购环节遇到的最大阻力正是东道国的国家安全审查。在表 4 – 1 所列的 2005 ~ 2018 年中国企业海外收购 26 宗案例中，23 例被东道国国家安全审查机构禁止或取消，有 1 例与东道国国家安全审查机构延长审限直接相关。以美国外商投资安全审查为例，依据 CFIUS 公布的年报，中国连续多年成为接受审查最多的国家。2015 ~ 2017 年，中国企业在美收购提交 CFIUS 审批的交易数量约占 CFIUS 审查总数的 26%，居首位，比第二位的加拿大（12%）和第三位的日本（8%）加起来还多。

东道国通常会在外商投资国家安全审查制度中明确接受外资审查的门槛（threshold），要求外商投资达到一定金额或外资通过收购或其他交易安排获得目标公司的控制权。例如，德国要求欧洲自由贸易联盟（EFTA）或欧盟以外国家或地区的外资收购德国企业 25% 以上表决权的交易须经国家安全审查。对于达到审查门槛的投资项目，外国投资者应当进行申报，东道国外商投资安全审查机构也有权主动审查；获得国家安全审查机构的批准是该项投资得以实施的前置条件。一旦进入审查程序，判断外商投资项目是否会对东道国的国家安全构成影响，是监管机构的核心考量因素。多数国家尚未对“国家安全”进行明确界定，而是从投资者身份、投资行业、控制权以及投资可能产生的危害等方面列举危害国家安全的标准，赋予审查机构很大的裁量权。尽管对国家安全标准的描述略有不同，绝大多数国家普遍将以下两点作为审查重点。

一是投资领域是否涉及战略性行业或敏感领域。例如，美国将国防军工、核心基础设施、关键技术、国家能源、军事产品、设备及技术领域列为国家安全审查的领域；“9·11”事件之后，美国又将安全审查范围进一步扩展至重要基础设施领域，包括农业及食品、通信、电信、公共卫生、交通运输、港口航运、银行金融、信息技术等。德国《对外经济条例》、《对外贸易和支付法》及其实施细则将武器装备、信息技术安全、国家机密信息产品以及交通运输、通信技术、远程信息处理设施、传感技术等高科技领域作为外商投资安全审查时关注的重点。

二是外国投资者是否受控于外国政府。例如，澳大利亚的外商投资审查区分政府投资及非政府投资项目。无论是否涉及农业、土地、媒体等敏感领域，只要是外国政府或其控制的外国企业对澳大利亚企业投资达到相应金额或控制权标准，就须提交澳大利亚外国投资审查委员会审查，而非政府投资项目只要不涉及敏感领域，即使投资金额或获取控制权达到相应标准，也无须获得审批。加拿大也对外国“国有企业”的投资项目规定了额外的审查要求。国有企业在中国对外投资企业中的占比很大，因而面临更大的国家安全审查风险。

（三）反垄断审查制度

并购即兼并收购，在实现强强联合的同时，很可能造成市场过度集中，扰乱市场竞争秩序，妨碍市场公平竞争。因而，各国通常会对达到一定规模的并购交易实施反垄断审查，跨境并购交易也不例外，这也成为各国规制外商投资的利器之一。

反垄断法被称作“经济宪法”，19 世纪 90 年代起源于美国，逐渐被越来越多的国家效仿。通过反垄断法整治垄断行为，规范经济活动，维护市场公平竞争，已成为世界各国的通行做法。截至 2014 年 9 月，全球颁布反垄断法的国家（地区）已超过 100 个，其中半数以上设立了反垄断监管机构。

经营者集中，是指经营者通过兼并、收购或协议安排等方式取得对其他经营者的控制权，或者能够对其他经营者施加决定性影响的情形。从集中的效果来看，经营者集中一方面有利于形成规模经济，提高经营者的竞争力，另一方面可能形成或强化市场支配地位，从而妨碍市场自由竞争。因此，各国反垄断法往往确立经营者集中审查机制，以防止或削减对市场竞争的不利影响。由此可见，与国家安全审查不同，反垄断审查并不仅针对外资，只要有可能损害市场竞争，无论外资或内资收购，都必须一律进行反垄断审查。

同样，无论是否涉及外资，并非所有的集中都必须接受反垄断审查。只有达到一定规模、可能给竞争带来危险的大型并购，才需要向反垄断监管部门申报，经监管部门审查通过后才能实施。各国通常以实施并购双方的企业在特定范围内的年营业额为依据确定经营者集中申报的门槛。例如，依据欧盟反垄断法规定，如果参与并购的企业在全球和欧盟范围内年营业额达到特定金额，形成所谓“对共同体市场有重大影响”的情形，欧盟委员会下属竞争总司就有权对该项并购进行反垄断审查，而对于未达到上述标准的经营者集中则需经各成员国反垄断机构审查。美国反垄断法也明确要求外国企业收购美国境内的资产或股权达到经营者集中申报标准时，应当向美国反垄断部门申报，经其审查通过方可实施。即便是未达到相应标准的经营者集中，若反垄断审查机构认为可能限制或排除了竞争，也有权进行事后审查。

反垄断审查阶段主要以经济学理论作支撑，评估企业并购后对相关市场范围内竞争可能产生的影响，进而作出批准、附条件批准或禁止并购等决定。在这一阶段，首先需要界定“相关市场”，这是分析判断市场结构和市场集中度的前提，往往也是经营者与反垄断审查机构博弈和争执的焦点。基于并购企业在相关市场的市场份额或集中度指数，反垄断审查机构对并购进行初步审查。美国以赫芬达尔—赫希曼指数（Herfindahl - Hirschman Index，HHI）为评估依据，判断并购后的集中状态及其反竞争效果。HHI 并非判断是否构成垄断的唯一标准。对于 HHI 超过安全标准的并购，反垄断审查机构还将综合考虑市场容量、进入壁垒、并购产生的效率等因素，对企业并购进行全面的反竞争分析，并根据上述分析结果判断是否批准该项并购。

需要注意的是，反垄断审查也是并购交易的前置程序，非经反垄断审查批准，并购交易不得进行。反垄断审查因此也被很多西方国家用作阻拦外资收购的另一大“杀手锏”。反垄断审查对外资收购的影响不仅在于审查是否通过的直接结果，也在于漫长的审查过程将增加收购的变数和风险。一旦东道国政府对外资收购启动反垄断审查程序，收购企业不仅要耗费大量的精力应对调查，而且瞬息万变的资本市场、虎视眈眈的竞争者，都可能让收购方增加收购成本或错失难得的收购机会。

（四）证券法律制度

东道国很多有价值的目标公司都已在相关资本市场上市。因此，中国企业在海外收购上市公司股票还应遵循其上市地的证券法律制度，特别是有关上市公司收购的证券法规。具体包括以下几个方面。

1. 信息披露义务

信息充分披露是证券法的一项基本原则。各国证券法通常要求收购者在要约收购上市公司股票时应当充分披露与要约收购有关的重要信息，包括收购意图、收购要约及更新信息等，以便目标公司股东面对收购要约时能够审慎评估、理性判断。美国证券法要求收购者收购上市公司股权达到一定比例（如5%），必须在收购后10日内向交易所及证监会呈送相关信息，旨在增加收购的信息透明度，以便投资者能够理性地作出股票投资决策。德国证券法也要求收购上市公司的企业就收购信息充分披露，提高收购的信息透明度，以防内幕交易，确保交易公平。

2. 公平对待全体股东

各国证券法通常要求收购者在要约收购上市公司股票时遵循股东平等原则。英国证券法明确规定，要约收购者如果要收购目标公司某类股票，应当向持有该类股票的全部股东发出收购要约，当受要约人接受要约总数超过要约收购者拟购买股票的总数时，要约收购者应当从所有受要约人处按比例购买股票。要约收购者应当公平对待所有受要约人，在要约收购期间不得以要约收购以外的方式购买目标公司的股票，不得给予特定股东以收购要约记载之外的特殊利益，以免造成目标公司股东间的不平等。

3. 部分要约收购及全面要约收购

各国证券法区分“部分要约收购”及“全面要约收购”对要约收购者设定不同程度的义务。全面要约收购，顾名思义，指以取得目标公司全部股权为目的的要约收购；而部分要约收购，则指以取得目标公司部分股权为目的的要约收购，如果受要约人接受要约的数额超过要约数额，要约收购者只需依要约数额按比例购买即可。为保护所有股东权益，各国证券法通常会制定强制要约收购制度。以英国证券法为例，如果某股东持有某上市公司股权超过一定比例，则须向其他股东发出购买剩余股票的强制收购要约，即实施法律强制要求的“全面要约收购”。

4. 反收购措施

实践中的要约收购很多未事先获得目标公司管理层的支持，收购者选择绕过公司管理层而直接与公司股东进行交易，常常遭到目标公司管理层的反对，因而被称作敌意收购。美国和澳大利亚等国法律，在确保董事履行谨慎与忠诚义务的前提下，赋予目标公司管理层采取反收购措施的广泛权力。在中铝收购力拓的过程中，力拓管理层就用法律赋予的驱鲨剂条款、白衣骑士等多种反收购措施阻挠了中铝的收购。

东道国证券法有关上市公司收购的法律规定，在信息披露、公平保障股东权益方面赋予收购者更多的法律义务，特别是强制性要约收购要求增加了收购者的收购成本和风险，信息披露也可能让更多的竞争者参与竞购，反收购措施则明确赋予目标公司对抗收购的权利，从而增加收购的阻力。因此，如果中国企业对外投资拟以境外上市公司为收购目标，有必要对当地证券法律制度充分了解和评估，提前防范相应的法律风险。

二、投资落地后经营合规性制度

（一）劳工权益法律制度

无论是绿地投资还是跨境收购，对外投资企业都需要在东道国雇用当地雇员，因而需要关注东道国有关劳工权益的法律。特别是西方发达国家，非常重视对劳动者权益的保护，劳工法律体系较为全面完善，而且工会等劳工组织拥有很高的法律地位和社会力量。如果企业不了解东道国的劳动法律制度，不遵守劳工权益保护法律，将阻碍企业投资的顺利进行以及后续经营。

各国劳动法通常规定，收购企业将继承被收购企业的劳动合同关系。依据欧盟有关企业转让的法律规定，企业全部或部分转让后，出让者的劳动关系将转移至收购者。如果股权转让后原企业停止运营或收购者在收购股权后将劳动关系从一家公司转至另一家公司，则上述原则同样适用。如果企业转让导致现有劳动关系合法转移，依据欧盟相关法律规定，向劳动者支付退休金的义务也将转移至收购者。因此，收购者并不能以企业收购或转让为理由终止原企业与雇员的劳动关系，而应当继承原企业应当承担的劳动合同义务。

欧美国家对于解雇员工的程序性规定复杂、烦琐。如果想在当地解雇员工往往要支付相当大的代价。德国劳工法要求用人单位解雇员工不得违反法律禁止性规定，不得解雇特殊保护人群（如海事委员会、企业委员会成员）。员工如果认为用人单位解雇不当，可以向专门的劳动法院起诉。如果员工诉求获得法院认可，用人单位有义务重新聘用该员工，而员工则可自主决定是否接受重新聘任，如果不接受也可以请求赔偿金。

欧美国家法律给员工的福利待遇也非常丰厚。在美国，主要由用人单位承担员工的医疗保险，用人单位还需承担员工高昂的退休金或养老金、人寿保险等。在欧洲，社会保险费用在员工薪酬中的比例普遍较高，而且企业为员工承担的社保比例相当高，如意大利、法国、瑞典、芬兰等国要求企业承担员工 80% 的社会保险费用，德国、英国等国这一比例也高达 50%。发达国家给予员工带薪休假或是病假方面的待遇更优厚。荷兰员工每年可享受不低于 23 天的带薪年假，患病员工享有 2 年的带薪病假。日本奉行“终身雇佣制”，企业不仅需要承担员工个人福利，还应当对员工的家属、子女给予全面照顾。

与国内不同的是，很多国家工会组织的社会地位和力量非常强大；通过工会组织维护职工权益已有上百年的历史，成为一种文化和法定权利。欧洲劳动法通常只规定劳工的最低薪酬或待遇，而将制定具体标准以及劳动法留白事项授予工会。美国的劳工权益法允许工会组织员工罢工、示威游行，代表员工与企业进行谈判，利用社会舆论与企业展开博弈，为员工维护合法权益、争取更好的福利及待遇。韩国劳工权益法律规定，工会组织罢工期间，员工有权要求企业按时支付工资，并有权要求政府提供无偿援助。非洲、拉丁美洲等地的劳工权益保障制度也在不断完善，如莫桑比克法律规定，受雇于某企业的当地员工达 50 人，即可组建工会。拉丁美洲国家的工会组织更是强大，经常为提高薪酬或改善工作条件等问题举行罢工，给外资企业带来很大困扰。首钢、中铝就曾因为拉丁美洲投资项目中旷日持久的罢工活动承受巨额损失。因此，中国企业对外投资应当对东道国的劳工法律制度给予足够重视。

（二）环境保护法律制度

能源、采矿、基础设施一直是中国对外直接投资的重点，而这些行业面临更高的环保法律风险。矿产资源的开发需要改造原有地貌和生态环境，油气开采可能伴随原油泄漏、井喷或火灾，水坝、发电站的建造可能改变生态系统的结构和功能，这些都可能造成环境破坏。很多国家环保法律制度相当严格，而且各类环保组织高度关注外商投资对当地环境的影响，这为中国企业对外投资带来很大的挑战。

违反东道国环保法律制度需要付出高昂的代价，违法者不仅要承担民事责任及行政处罚，严重者还需接受刑事处罚。巴西环保法规定，环保部门有权对环境违法者处以罚款、勒令停产停业等行政制裁；对于违法企业，内政部长或总统有权处以停产停业处罚，甚至可以直接勒令关闭；对于严重违法者，联邦和州检察机关可以向法院提起刑事诉讼，追究污染者的刑事责任。印度环保法也规定，对严重违反环保法令的违法者，除高额罚金之外，将处以最长 7 年的监禁。

各国环保法也要求充分保障公众的知情权、参与权和救济权。加拿大环保法要求政府创建环境登记体系，鼓励雇员举报环境违法行为，禁止雇主对举报的雇员处以罚款、停职、解雇等处分，赋予公众提起环境公益诉讼的权利。南非环保法规定，任何公民都有权获取国家及政府部门持有的环境信息，任何个人和团体可以为保护环境和公众利益提起环境公益诉讼。

有些国家的环保执法机构具有强大的执法权甚至是司法权。以美国为例，美国环保法授予美国国家环境保护局（EPA）等同于美国联邦调查局（FBI）的调查权，对于环保类案件有权委派调查员直接调查。不同于立法权、执法权、司法权三权分立的原则，美国国家环境保护局不仅具有环保执法权，也拥有环保司法权。美国国家环境保护局设有执法法庭和上诉委员会，环保案件由其审理后形成终局裁决。

随着环境问题的日趋严峻，不仅发达国家制定了严格的环境保护法，越来越多的发展中国家也在逐渐完善国内的环保法制。例如，巴西、秘鲁、印度、尼日利亚、肯尼亚等国都相继出台环境保护法，加强对本国环境的保护力度。中国海外能源矿业投资主要集中在拉丁美洲、非洲和东南亚等地，水电和资源开发利用类投资项目普遍集中在“一带一路”沿线国家。〔1〕这些地区由于环境基础及历史原因，生态非常脆弱，如果企业没有足够的重视，很容易引发环境问题。因此，中国企业对外投资需提高环境法律意识，严格遵守东道国环保法律制度，预防可能的环保法律风险。

（三）知识产权法律制度

有价值的知识产权已经成为各国企业对外投资特别是海外收购的重要目标。对于有些目标公司而言，其商标、专利等无形资产相比公司厂房、设备、库存等有形资产更有价值。通过收购获取知识产权，节约研发成本，扩大品牌、技术和竞争优势，已成为很多中国企业的典型发展模式。近年来，中国高科技企业也开始尝试通过收购海外目标公司，获得其品牌和专利技术，从而实现自身技术水平、品牌影响力以及市场竞争力的全面提升。然而，由于对国外知识产权法律的不熟悉，对目标公司知识产权估值过高，在交易文件中未就关键知识产

〔1〕依据国际环保组织的统计，截至2011年3月，中国企业在全球68个国家参与了至少251个大型水坝项目，包括全球24座最大水电站中的19座。其中，伯利兹的恰里洛水电站、苏丹麦洛维水坝都存在环保争议。

权权属明确约定或者约定使用知识产权的期限过短、条件过于苛刻等，中国企业的知识产权海外收购之路走得并不顺利。

鉴于各国经济发展水平、政治背景和国家利益考量因素的不同，各国有关知识产权保护程度、保护范围、保护水平及方式不尽相同，各国知识产权法律制度也各有差异。

首先，在知识产权估值方面，针对知识产权的交易合同，各国法律充分尊重当事人的意思自治，遵循“购者自慎”的原则，收购者应当尽可能地了解拟收购的目标公司股权或资产的状况与价值，因价值评估不当造成的损失应当自行承担。国内外缺乏统一的知识产权评估指标体系或是交易市场体系，没有适当的参照物及数据指标作为估值依据，因此知识产权评估一直是知识产权投资和收购的难点，中国企业海外收购知识产权估值不当导致价格虚高的案例也不在少数。

其次，知识产权权属瑕疵，包括产权系多方共有、未获得权利人授权、产权逾期失效、存在质押担保或不包含核心技术等问题，致使目标公司对目标知识产权享有的所有权、使用权、处分权和收益权不完整或存在争议，这也是海外收购知识产权经常遇到的陷阱。还有一些知识产权已经许可第三方排他或独占使用，收购后使用这些知识产权会受到诸多约束和限制，东道国也会限制境内先进技术、敏感技术、驰名商标对外资转让，这都可能导致收购意图无法实现。

知识产权还具有地域性及关联性的特点。在地域性方面，在特定国家或地区注册的知识产权，仅在该国或该地区范围内有效。例如，某驰名商标或专利仅在境外注册而未在中国注册，那么该商标或专利在中国就不受保护，任何人都可以使用该商标或专利技术在国内生产销售相关产品。在关联性方面，以专利为例，很多高科技产品集合了成千上万个专利，关键的专利技术缺一不可，如果忽略关键技术专利之间的关联性，仅收购部分专利，而所收购的专利无法独立发挥作用，则企业不得不以高价追加收购其他专利，产生额外的收购成本。

因此，中国企业以商标、品牌或专利技术为目标进行对外投资或收购，需要提前了解东道国知识产权法律制度，并对目标公司的知识产权作全面充分的调查评估，为收购后的知识产权整合做好准备。

（四）出口管制法律制度

以获取母国短缺资源或原材料为目的的对外直接投资，通常会在项目落地后将开采或生产所得的矿产或原料出口至母国。以获得母国所需核心技术为目的的对外投资，通常也会将东道国生产的产品通过出口贸易销往母国或第三国。然而，并非持有东道国国内企业控制权就可以自主决定该企业产品的出口，东道国境内的资源或产品能否出口及销往哪些国家，还需遵循东道国的出口管制法。

特别是西方发达国家，为了维护本国经济安全和国家战略利益，往往就本国稀缺性矿产资源、不可再生的自然资源或核心技术领域的产品，制定相应的出口管制法律或政策。有些国家基于外交政策和国家战略考虑，还会针对个别国家制定特定的出口管制政策。

以美国为例，美国出口管制法要求所有产品和技术资料未经获得美国商务部出口许可证不得出口。出口许可证分为一般许可证和特殊许可证，前者适用的产品相对宽泛，只需向海关提交出口报关单即可；而后者适用的产品和技术须经美国商务部审查批准后方可出口，这类产品和技术包括核能原料、可裂变材料及其生产设施、含贵重金属的美国硬币、武器弹药、麻醉药物、天然气及电力能源等。此外，美国还针对特定国家实行“全面禁运”，如禁止向伊朗、古巴、苏丹、朝鲜和叙利亚等国出口产品或资源。美国的出口管制制度堪称“世界最严”的一个重要原因在于美国出口管制的域外管辖权，即美国政府不仅对于本土直接出口的产品拥有管辖权，对于从其他国家出口原产于美国的产品或含有美国产品（技术）的外国产品同样声称具有所谓的“长臂”管辖的权力。不仅如此，美国出口管制对于出口商也具有域外管辖效力，对于美国政府认为有管辖权的境外关联企业的出口行为，无论该产品是否在美国境内制造，美国都声称具有管辖权。

此外，美国还以“实体名单”的方式对出口进行精准管制。所谓“实体名单”，是指美国认为很可能把美国产品应用到恐怖主义、大规模杀伤性武器计划或其他违背美国国家安全活动的实体名单。美国商务部下属的产业与安全局（BIS）负责对“实体名单”及时更新，凡是列入实体名单的实体均为产业与安全局限制出口的对象（陈宇田和陈峰，2018）。截至2020年5月，全球共有1308个实体被列入该名单，这些实体主要分布在阿富汗、阿联酋、中国、德国、加拿大、马来西亚等国。

除美国之外，加拿大、澳大利亚、欧盟这些拥有优势资源或核心技术的国家通常对特定领域进行出口管制。有意将目标公司产品对外出口的中国企业需要结合东道国的出口管制制度，就对外投资的战略、目标和方案提前规划。

（五）信息安全及隐私保护法律制度

随着信息技术和大数据的迅猛发展，数据安全问题特别是个人信息安全问题逐渐凸显，个人信息安全和隐私保护已成为各国法律规制的重点。越来越多的企业因为违反信息安全及隐私保护法律受到严厉制裁，付出了高昂的违法代价。谷歌、苹果、亚马逊、英国航空、意大利电信集团、奥地利邮政、万豪酒店等世界知名企业因违反信息安全与隐私保护法被处以巨额罚款，其中不乏中国企业的身影。

以抖音为例，自2019年起，字节跳动因违反东道国数据保护法律规定，先后受到美国、韩国、土耳其、俄罗斯、荷兰、英国等国监管机构的处罚或被用户起诉，支付了高额罚金或和解金，其中最高的两笔罚金及和解金均发生在美国。2019年，抖音国际版TikTok因非法收集儿童数据，被美国联邦贸易委员会（FTC）罚款570万美元，这也是美国有史以来对违反美国儿童隐私法的主体发出的最高罚单。2020 年，美国 TikTok 用户以其“提取私人数据用于市场推广和获取利润”为由向法院提起集体诉讼。最终，TikTok 支付 9200 万美元和解金了结此案。

欧洲国家对 TikTok 的集中处罚，主要是基于欧盟 2018 年通过的《通用数据保护条例》（General Data Protection Regulation，GDPR）。GDPR 堪称史上最严厉、最详尽的一部数据保护法律，对于欧盟境内个人信息数据的收集、传输、存储、处理活动设置了一系列严格的要求，而且该法被赋予了域外效力（田旭，2020）。这就意味着，无论中国企业在欧盟境内是否设立分支机构，只要提供了可供欧盟境内用户登录的企业网站（用以购买商品或服务），且收集使用该网站用户的信息不符合 GDPR 要求，就可能受到欧盟监管部门的处罚。此外，GDPR 规定的罚则非常严苛，对违反 GDPR 的企业，情节轻微的罚款 1000 万欧元或全年营收的 2%（两者取高者），情节严重的则罚款 2000 万欧元或全年营收的 4%（两者取高者）。

除欧盟与美国之外，日本、韩国、俄罗斯等国也先后制定了个人信息保护法，以保护个人信息和隐私安全。由此可见，数据安全与隐私保护，正成为从事互联网平台、社交平台或金融服务的中国企业对外投资面临的新的法制障碍。中国企业对外投资如涉及个人信息收集、传输、存储及处理，应当全面了解并严格遵守该东道国及所有具有管辖权的国家的信息保护法律制度。

第三节 发挥调节作用的异质性因素

关于异质性因素的选择，考虑企业对外直接投资通常以一个个投资项目的形式进行，有关项目管理的分析研究方法同样适用于对外投资实践。因此，本节结合中国企业对外投资典型案例，参照项目管理的成功要素，遵循如下标准和原则，对影响中国企业对外投资的异质性因素进行筛选：（1）应当给予重点关注和持续性关注的因素，即重要性、持续性；（2）与结果有直接关联的因素，即直接相关性；（3）众多案例中普遍存在的关键因素，即普遍性。基于上述标准，本节从投资企业、投资标的（目标公司）、投资方式3个角度，筛选出东道国法律制度影响中国企业对外投资成效的16个异质性因素（见表3－1）。

表3－1　调节东道国法律制度影响效应的异质性因素

投资企业异质性	投资标的异质性	投资方式异质性
1. 国际化经验 2. 投资动因 3. 所有制性质 4. 政府关系 5. 公司治理 6. 市场份额	1. 东道国经济发展水平 2. 东道国生态环境 3. 所属行业/领域 4. 无形资产价值 5. 是否有工会组织	1. 敌意收购/善意收购 2. 控股收购/参股收购 3. 支付方式 4. 收购及整合方案 5. 是否有专业机构协助

一、投资企业异质性因素

（一）国际化经验

人们通常认为组织的战略和行动建立在经验的基础之上，一个企业往往会以过往的经验为基础确定企业的发展战略。这一规律同样适用于企业对外投资。对外投资面临的风险、承担的试错成本都远高于国内投资；国际化经验对于错综复杂的对外投资而言，重要性更加凸显。已有研究发现，国际化经验在企业国际化发展战略制定、国际市场进入及退出、外国子公司经营绩效等方面发挥至关重要的作用（陈忱和陈涛涛，2020）。

对外投资所需的国际化经验不仅限于投资经验本身，也包含国际贸易、国际合作、境外上市或融资经验。通常来说，具有相应国际化经验的企业，其对外投资的方式更为理性，对外投资目标会提前调查，对外投资的路径、方案会提前规划，投资效益也会更优。

例如，双汇对史密斯的收购发生在 2013 年，但早在 7 年前的 2006 年，双汇就开始与高盛、鼎晖等国际投资公司合作，调整公司股权结构及所有权性质，为双汇的国际投资之路布局。最终收购史密斯计划的顺利实施，也确实得益于双汇此前国际化改制的铺垫及其国际化发展过程中积累的经验。复星集团作为对外投资最成功的中国企业之一，早期花费大量的时间和精力研究学习海外收购的先进经验和做法，而后学以致用，在一次次海外收购实践中积累了丰富的投资经验，逐渐发展为国内企业对外投资争先效仿的典范。相比而言，TCL 收购施耐德、汤姆逊、阿尔卡特接连失利，与其缺乏国际化经验、充分调查和合理规划而贸然实施海外收购不无关系。

（二）投资动因

从投资动因来看，目前中国企业对外投资以获取自然资源、潜在市场和高新技术为主，还有部分企业则以获取目标公司先进的经营管理经验为目标。不同的投资动因，面临不同的阻力与难度。东道国通常对以获得本国战略或稀缺资源以及核心技术为目的的外商投资设置额外的审查程序。

近年来，中国企业对外直接投资聚焦在能源、矿产、电子、通信、计算机和金融服务领域，某种程度上会让东道国心生戒备和抵触，这也成为中国企业对外投资屡屡碰壁的重要原因。因此，投资动因及聚焦行业或领域也是影响中国企业对外投资成效的关键因素。

（三）所有制性质

国有企业一直是中国对外直接投资的主力军。国资在中国国有企业中的高控股比例，国有企业在国内多个行业的优势地位，以及国有企业在对外投资过程中获得政府政策的鼓励与支持，这些都使东道国很警觉。因此，相比民营企业，国有企业对外投资在进入东道国阶段往往面临更大的阻力。

随着各国保护主义的悄然盛行，国家安全审查制度有被滥用的趋势。美国、澳大利亚、加拿大都将外国政府或国有企业投资作为外资审查的重点。欧盟委员会在反垄断审查中，也将中国国有资产监督管理委员会监管下的全部国有企业的营业额进行合并考察，这对中国央企在欧洲的投资收购极为不利。很多在国内占据优势地位的国有企业，在海外收购中阻碍重重。以中海油、国家电网、长江三峡、中铝、鞍钢为代表的国企在欧美发达国家安全审查环节屡屡受阻，正是基于其国有企业的背景。不仅跨境收购，国有企业实施的绿地投资在海外也面临比民营企业更大的障碍。以中国金融机构在美国开设分支机构为例，中国工商银行、中国建设银行在美国设立或升级网点，被美国监管机构借故拒绝或拖延；同期，国有化程度较低、股权相对分散的招商银行开设网点却优先获得了批准。

由此可见，无论以何种方式对外投资，国有企业在进入东道国阶段普遍面临比民营企业更大的阻力。但一旦投资落地进入实际经营阶段，国有企业基于丰富的投资经验以及民营企业难以获得的投资资源，往往能够实现更好的投资绩效。特别是在与中国政府保持友好关系的发展中国家，国有企业往往更容易获得成功。

（四）政府关系

东道国国家安全审查重点关注的企业不仅限于国资控股或参股的国有企业，也包含与政府保持紧密关系的民营企业。

民营企业获得政府政策补贴、为政府机构供应产品或服务、获得中资金融机构的低息贷款等都有可能被外国审查机构解释为与中国政府“关系密切”。

（五）公司治理

现代化公司治理主要体现在股权结构与信息披露两个方面。

首先，投资企业的股权结构是东道国监管部门判断其独立性的重要依据。总体而言，中国企业的股权结构高度集中，伦敦商学院 2019 年的一项研究表明，中国企业的股权集中指数为 70.38～75，远高于西方发达国家公司的股权集中度（35.91～50）。[1] 中国上市公司也不例外。如图 3－5 所示，2012～2016 年，中国主板上市公司中第一大股东股权集中度均值为 27.55%，前五大股东持股比例平均为 38.11%。股权高度集中带来的最直接的后果就是，公司独立性不足，其经营管理活动通常受制于控股股东，中小股东的利益也容易被忽视。中国企业的股权高度集中的特征，也成为妨碍中国企业对外投资成效的另一重要因素。

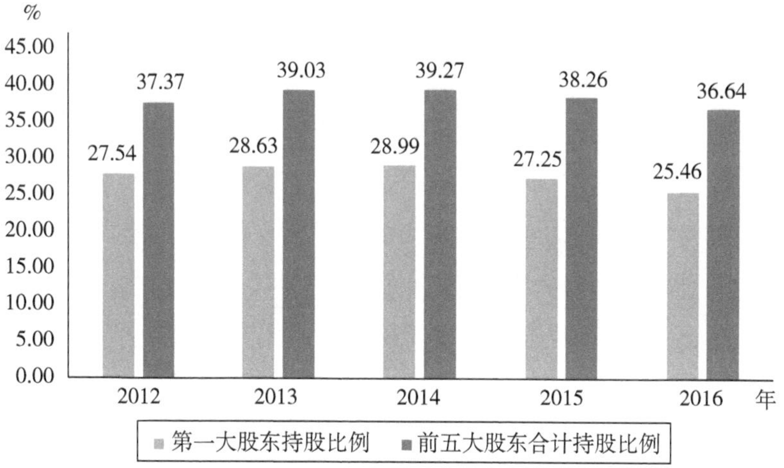

图 3－5　2012～2016 年我国主板上市公司第一大股东及前五大股东持股比例

资料来源：依据中国上市公司公示信息整理。

〔1〕 Gur Aminadav & Elias Papaioannou, *Corporate Control Around the World*. Journal of Finance, American Finance Association, 2020, 75（3）: 1191－1246.

其次，投资企业的信息披露和公开透明程度也是企业现代化治理程度的重要参数。在这方面，上市公司基于证券法规的信息披露要求，相比非上市公司往往更加透明公开，外界可以通过公开渠道获取公司的重大信息。即便由国资控股或参股，股权相对集中，仍有可能获得东道国审查机构的认可和批准。

（六）市场份额

无论是在反垄断审查程序还是国家安全审查环节中，投资企业及目标公司的市场份额对于企业对外投资能否顺利进行至关重要。

首先，投资企业的市场份额关系东道国的反垄断审查，具体而言会决定此项收购是否已达到反垄断申报的门槛，也直接关系此项收购是否会获审查通过。各国通常以收购双方年营业额确定反垄断申报的门槛，而企业年营业额通常与市场份额成正比，具有高市场份额的企业往往更可能达到反垄断申报门槛。在反垄断审查过程中，收购双方在相关市场的市场份额更是直接决定收购后的市场集中程度，从而决定该项收购是否会获审批通过。例如，欧盟委员会在中集收购荷兰博格的反垄断审查过程中发现，收购双方原本就在集装箱市场上占据了相当大的份额，强强联合之后更高的市场占有率让欧盟委员会担忧该收购将在集装箱领域形成“事实上的垄断”，故而否决了该项收购。

其次，目标公司的市场份额在有些国家也是判断是否达到国家安全审查门槛的依据。例如，依据英国最新公布的国家安全审查门槛，如果目标公司从事特定的敏感行业且在英国相关市场的占有率达到25%或营业额达到相应金额，英国政府则有权介入进行国家安全审查。

二、投资标的异质性因素

1. 东道国经济发展水平

有学者通过对2011年中国企业在全球155个国家303件海外收购

案例进行拟合研究，结果发现一国经济社会发展水平对中国企业海外收购的区位选择影响最大。

从短期来看，发达国家严格的外资审查制度，意味着能否顺利进入该国投资面临较大的不确定性。在投资项目落地后，发达国家对于劳工权益、知识产权以及生态环境的保护力度相对较大，工会组织、环保组织、专利机构等组织也会监督外资企业在当地的守法经营。因此，中国企业在发达国家的投资合规成本更高。例如，明基收购西门子手机业务后持续亏损，即便在进入破产程序后，公司也需依德国劳工法要求，向被裁员工支付巨额安置费用，承担高昂的合规开支。

但从长远来看，发达国家的法律制度越健全，其经济发展秩序越稳定，越有利于降低交易成本、防范交易风险，从而有利于中国企业在当地的投资，提升投资企业的经营效益。相比之下，发展中国家虽然没有像发达国家一样严格的外资审查制度，但政府部门在外资监管方面往往更加主观，体现更多的投资保护特征。此外，发展中国家法制不够健全、政府治理水平相对滞后，反倒会给外资带来更大的经营风险。首钢、中铝、五矿等企业在秘鲁的投资先后遭遇暴力冲突、民众抗议、交通阻断等重重障碍，这与秘鲁经济发展落后、法制滞后、政府治理能力不足不无关系。

2. 东道国生态环境

《全球环境竞争力报告（2015）》[1]对2014年全球133个国家环境数据分析显示，全球生态环境竞争力排名前10位中有8位为发达国家。相比而言，发展中国家的生态环境竞争力普遍较低。

亚洲、拉丁美洲和加勒比地区、非洲的发展中国家仍是中国企业对外投资的主要目的地。近年来，中国企业对外投资热点地区——“一带一路”沿线也以发展中国家居多。中国企业在发展中国家的投资

〔1〕李建平等主编：《全球环境竞争力报告——2015》，社会科学文献出版社2016年版，第11～21页。

主要集中在能源、矿产、加工制造、基础设施等领域，这些往往也是环境事故高发领域。中铝秘鲁特罗莫克铜矿违规排污被责令停产，国电投资缅甸密松电站项目因环保组织和民众抗议被缅甸政府长期搁置，中信投资扩建巴西热电厂提高煤炭消耗引发环保担忧，都是中国企业在发展中国家投资忽视环境保护的前车之鉴。

在环保法制严格的发达国家投资，中国企业面临的环保压力更大。例如，德国作为连续多年全球生态环境排名第一的国家，国内大约有8000部环保法律，德国政府有50万人负责执行环保法律。德国作为欧洲垃圾回收利用率最高的国家，拥有非常严格且细致的垃圾分类法规。上海豫园集团旗下的绿波廊酒店就曾在德国汉堡投资经营期间，违规处理垃圾，招致高额罚款及经济损失。[1]

3. 所属行业/领域

目标公司所属行业和领域是东道国国家安全审查重点关注的因素。美国、德国、英国、欧盟均将战略性行业和敏感领域作为外商投资安全审查的重点。这些行业领域主要集中在战略能源、国防军工、通信电子、交通运输等战略性行业以及网络安全、信息技术、传感技术、太空及核技术、生物制造等核心技术领域。如果中国企业拟收购东道国上述领域的目标公司，应当就该国国家安全审查程序提前做好准备，争取获得东道国的审批通过。

所属行业或领域需要关注的另一方面是，收购者与目标公司是否从事同一行业。据此，收购可区分为同行业收购和跨行业收购。同行业收购可以利用收购双方现有资源快速扩大产能，获得规模效应，降低生产成本，扩大市场份额。跨行业收购可以增加企业生产经营的差异化和多样化，突破行业壁垒，增加企业的范围经济效应。但跨行业收购中的双方原先从事的业务类型关联性较低，收购者往往缺乏对目

---

〔1〕 中债资信评估有限责任公司，中国社会科学院世界经济与政治研究所主编：《中国对外直接投资与国家风险报告（2017）》，社会科学文献出版社2017年版，第282页。

标公司所属行业及业务的了解，很难在短期内介入目标公司的经营和管理，收购后的整合也面临更大的挑战。例如，美的对库卡的收购就属于跨行业收购，主营日用家电的美的跨行业收购工业机器人制造商库卡。2016 年，美的通过收购实现对库卡的绝对控股，但收购之后，美的对库卡无论是在市场资源及业务的整合方面，还是在管理及技术团队的融合方面，都明显力不从心。库卡被美的收购 1 年后净利润骤跌 80%，某种程度上也是双方整合不力的显现。

4. 无形资产价值

目标公司的资产可分为有形资产及无形资产两大类，两者相互依存又相互独立。从效用角度来看，两者需相互配合、相互作用才能发挥最大效益；而从产权角度来看，两者又相互独立，获得目标公司有形资产并不自动获得其无形资产，反之亦然。如果收购目标公司旨在获得其无形资产，则只有通过交易安排获得目标公司的核心无形资产并有效整合利用，才能实现预期的收购目标。

为此，收购者不仅要在前期尽调中弄清目标公司商标、专利等知识产权的权属、期限、质押担保、授权许可、相互关系、申请地域及保护范围等，还要在交易文件中明确约定上述知识产权的所有权或使用权的期限、范围、条件、价格等，防止后续可能产生的纠纷。中国企业通过收购获得目标公司知识产权的诸多案例中，比较成功的包括联想收购 IBM 全球 PC 业务以及吉利收购沃尔沃。二者在交易文件中均明确约定收购标的包含相关知识产权，收购后充分发挥目标公司知识产权的价值，提升了自身在国际市场上的知名度和整体形象。

反之，如果收购者不能获取目标公司的核心无形资产，即便获得其全部的股权及有形资产，也可能无法实现收购目标、达到收购预期。TCL 在投资汤姆逊时就未能将其商标、专利纳入合资公司，没有获得汤姆逊的品牌和技术支持，加之后期整合乏力，最终导致投资失败。

5. 是否有工会组织

美国斐格律师事务所的一项调查显示，企业收购失败的十大原因中，有八项与目标公司员工或工会组织相关。对于目标公司而言，公司被收购有可能改变原有员工的工资薪酬、福利待遇，甚至会裁员导致部分员工失业。工会组织作为员工权益的代表，对于雇主拟实施的改制、收购及其相关的员工安置、降薪、裁员等措施，都有参与决策及监督的权利。

跨境收购涉及不同历史渊源、文化背景的企业间的融合，目标公司的员工和工会组织基于对于收购者的不熟悉、不了解，可能会质疑、阻挠甚至反对收购。历史上因为工会反对受到阻碍的跨境收购比比皆是。中国企业在海外收购的过程中处理不好目标公司工会的关系导致收购失败或投资受挫的案例也不在少数。上汽收购双龙汽车、北汽收购欧宝之所以失败，重要原因就在于未能获得目标公司工会的支持。

当然，目标公司设有工会并不意味着一定会阻碍收购进程或收购后的顺利经营。事实上，对于拥有强大工会组织的目标公司，收购的成效取决于收购者如何处理与员工及工会的关系。目标公司员工及工会并不天然抵触收购者，当目标公司陷入危机时，优质收购者将带领目标公司走出低谷、扭亏为盈，员工也会是直接受益者。中国企业海外收购过程中也不乏因与工会良好沟通、保障原有员工权益从而获得其支持的实例。例如，双汇收购史密斯时承诺其员工全部原岗留任，并支付高额留任奖金，因而获得员工及工会组织的鼎力支持，进而成功实现收购。

三、投资方式异质性因素

1. 善意收购与敌意收购

根据目标公司管理层对收购的态度，可将收购分为善意收购与敌意收购。所谓善意或敌意往往来自目标公司管理层，而非公司股东。

在善意收购的情况下，收购者往往事先与目标公司管理层达成收购意向，就收购的具体事项共同商讨、达成共识，并在目标公司管理层的协助下完成收购，因而风险和成本较低，目标公司股东、债权人、高管及员工的阻力也相对较小，成功率也更高。敌意收购恰恰相反，收购者难以获得目标公司管理层的认可和配合，极易招致目标公司管理层的反收购措施，从而收购的难度大大增加。有些反收购措施本身就是以削减目标公司价值为代价驱散收购者的，收购者即使完成收购，所获得的目标公司也可能大幅减值，为日后的长期经营埋下隐患。通过证券市场要约收购股票还需履行相关信息披露义务，这也会让收购者的收购计划过早公布于众，从而面临竞购者的多种阻碍。

为了确保成功率，海外收购通常以善意收购的方式进行，即收购者事先就收购意愿与目标公司管理层充分沟通并取得其认可和支持。当然，善意收购与敌意收购有时也会因收购进程中管理层利益及立场的变化而变化。例如，在中铝收购力拓过程中，力拓管理层的合作倾向中途从中铝转向必和必拓，原本对于中铝而言的一项善意收购逐渐演变成敌意收购，从而增加了收购的阻力。因此，为顺利推进收购，投资企业应随时保持与目标公司管理层的充分沟通，并就收购方案及后续整合方案及时跟进，以获得管理层的认可与支持。

2. 参股收购与控股收购

依据获得目标公司股权或投票权比例，可将收购划分为控股收购与参股收购。前者是指通过收购一定比例的股权（通常为 51% 以上）或其他协议安排获得目标公司控制权的收购，后者则指所持公司股权比例或安排达不到控制公司重大经营决策程度的收购。二者对于收购成效的影响各不相同：控股收购有助于实现对目标公司的控制，特别是以获得相应资源和技术为动因的收购，获得控制权可以主导决策目标公司的经营管理活动，有助于获取或利用目标公司资源，发挥协同效应，共同为收购者的整体发展战略和目标服务。参股收购不涉及目标公司控制权的转移，管理层更迭的概率也较低，因而更容易为目标公司其他股东及管理层所接受，而且收购后也无须深度介入目标公司的经营和管理，收购成本及风险也相对较低。

中国国内公司股权高度集中，很多企业在对外投资过程中也往往延续这一习惯，因此常常遭到目标公司管理层及东道国政府的抵制。从管理层的视角来看，收购者控股意味着公司控制权易主，新的控股股东难免会依自身发展需要调整管理团队，原管理层可能面临被更换或辞退的风险，因而收购者容易受到管理层的反对。从东道国审查机构的视角来看，外资对东道国公司的控股，特别是战略性行业或敏感领域目标公司的控股，将导致东道国企业及其相关资源为外国资本或势力所控制，更容易引起监管机构的警觉和提防，从而给收购进程带来阻碍。

随着对外投资经验的累积，越来越多的中国企业尝试以参股收购的方式进入东道国。万向集团作为海外收购最成功的中国企业之一，在对外投资初期主要采用参股收购的方式，在低调参股、默默积累十几年后，万向已成功收购了数十家美国本地企业，在美国境内拥有 28 家工厂及 5600 余名员工。

3. 跨境收购支付方式

目前，跨境收购的支付方式主要包括现金支付、换股支付和混合支付。现金支付，是指收购者支付特定金额的现金以换取目标公司的股权，这种方式简单、快捷，是最受目标公司欢迎的一种支付方式。对收购者而言，现金收购可以排除干扰、迅速获取目标公司的控制权，但也会增加收购者的财务压力。换股支付，是指收购者以新发行的股票交换取得目标公司的股票或资产。这种支付方式可以避免大量现金骤然支出所带来的财务压力，但增发新股将改变收购者自身的股权结构，稀释原股东股权，甚至使控股股东失去对目标公司的控制。股本扩张也可能导致每股收益稀释、股价下降从而降低收购者自身价值。

增发股票程序烦冗，还会让竞购对手有可乘之机，从而给收购计划带来变数。混合支付，是指收购者支付给目标公司的对价包含现金、股票、认股权、可转债和公司债等多种混合形式。

中国企业海外收购一直以现金支付为主，自 2007 年起才出现少量换股收购的案例。单一的现金支付方式，容易导致营运资金短缺，财务费用激增，从而增加企业的财务风险。实践中不乏大举收购、快速扩张导致财务压力骤增进而收购失利，甚至拖垮企业的案例。例如，TCL 在 2002 ~ 2004 年相继收购德国 Schneider、法国 Thomson 彩电、法国 Alcatel 手机业务，均以现金为支付方式。单一的支付方式给 TCL 带来极大的财务压力和营运风险，TCL 后续几年的财务危机也印证了这一点。

相比较而言，换股支付对于投资企业各方面的要求更高，但相比现金支付有更大的优越性，不仅可以减少现金支出，防控财务风险，还可以通过换股的方式将目标公司与收购者更紧密地结合，变成真正意义上的利益共同体，从而有利于收购后的整合和协同效应的发挥。以联想并购 IBM 全球 PC 业务为例，联想使用的是股票加现金的混合支付方式，此外，还通过私募方式筹集资金用于支付收购现金。联想的收购能够顺利完成，合理的混合支付安排功不可没。

4. 收购及整合方案

企业收购最核心的动力是追求协同效应，即通过收购获得目标公司的资产、技术、市场或经营管理经验，进而将这些资源与投资企业现有资源优化配置并协同作用，共同促进企业价值的提升。因此，收购目标公司只是收购的第一步，收购后的有效整合、协同作业才是收购的重中之重，也是收购的最大难点。依据毕马威和波士顿咨询的调查结果，80% 的跨国公司收购失败源于收购后双方整合失败。中国企业海外收购后期整合失利导致收购失败的案例不在少数。TCL 收购阿尔卡特时没有就收购及后续整合制订方案，也没有系统的整合安排；

双方合资公司T&A正式运营后，双方的文化、制度差异逐渐显现，而TCL试图以中国式管理模式（如频繁更换合资公司高管）整合合资公司，导致“水土不服”，最终以合资公司解体、TCL承受巨额亏损收场。

由此可见，失败的收购往往没有事先制订系统、合理的收购及整合方案。收购方案及整合方案对于收购的实施及后续整合而言具有指引作用。尤其是整合方案通过明确收购的目标和预期，时刻提醒收购安排应为后续整合服务，并在前期收购实施过程中做好充分铺垫，确保收购成功及后续整合的顺利进行。

在诸多海外收购案例中，吉利整合沃尔沃的做法值得借鉴。吉利在收购沃尔沃时深知品牌融合、企业整合才是收购的最大难点，提前从品牌整合、业务整合、员工整合等方面作出系统安排；收购后的有效整合为吉利带来巨大的效益，这与吉利对两者整合的系统规划是分不开的。

5. 专业机构协助

协助海外收购的专业机构包括财务顾问、法律顾问、公关公司等，各机构在收购者的统筹下，分工合作、各司其职，在协助企业海外收购过程中发挥至关重要的作用。合格的财务顾问能够凭借信息网络为企业寻找合适的收购对象，通过前期调查研究确定收购目标，协助收购者与目标公司沟通，设计双方交易架构，协助交易谈判，商定交易文件，协调关系、争取获得政府审批，最终协助收购顺利交割。法律顾问在对目标公司进行法律尽职调查、参与交易文件的谈判与草拟、防范企业对外投资法律风险方面发挥重要作用。公关公司在协助企业争取目标公司股东、员工的理解与认可，获得东道国媒体及公众的支持，顺利通过政府审批等方面的作用不可或缺。

在众多海外收购成功案例中，专业机构可谓功不可没。例如，中海油收购瑞普索的印尼石油资产过程中，在双方商谈交易价格出现分歧时，中海油聘请投资顾问、会计师提供独立的评估数据和评估意见，参与估值谈判，最终使瑞普索接受中海油提出的定价公式。除了协助企业完成收购，专业机构对于收购后整合也有明显优势。例如，蓝星集团收购安迪苏时，聘请普华永道、麦肯锡等全球领先咨询机构为收购后的公司重新设计符合国际理念的公司治理结构，为收购后的有效整合奠定基础。

实践中，并非每个企业都能意识到专业机构在海外收购中的价值，也因此付出了沉重的代价。例如，TCL 收购汤姆逊彩电业务的计划，在遭到其投资顾问（摩根和波士顿咨询公司）强烈反对的情况下仍一意孤行，在没有专业机构协助的情况下独自实施收购，为后续整合失败埋下隐患。

本章小结

东道国的法律制度，特别是与外商投资直接相关的东道国法律制度，从投资进入合法性及投资落地后经营合规性两大方面，直接影响中国企业对外直接投资的成效。在同样的东道国法律制度背景下，不同企业对外投资成效也不尽相同，原因在于东道国法律制度作用的发挥需要依托投资企业及投资项目本身的特性，包括投资企业、投资标的（目标公司）、投资方式等方面的异质性因素，这些都将调节东道国法律制度对投资成效影响的程度及效应。本章通过解析东道国法律制度在企业异质性因素的调节作用下对中国企业对外投资成效的影响机理，以及对东道国相关法律制度及企业异质性因素的系统梳理，为下一步实证分析提供基础。

第四章　东道国法律制度影响中国企业 OFDI 成效的实证研究

基于第三章的影响机理分析，本章将区分投资进入和投资落地后经营两个阶段，以 2010～2019 年中国上市公司对 37 个国家的 113 项对外直接投资数据为样本，分析东道国法律制度在这两个阶段对中国企业 OFDI 成效的不同影响，进而从投资企业、投资标的、投资方式中各选一项代表性异质性因素，验证企业异质性对东道国法律制度影响的调节效应。

第一节　基于中国企业对外直接投资进入阶段的实证分析

就投资进入阶段而言，判断企业对外投资成效的标准比较直接，如果企业就收购东道国境内股权或资产项目获得东道国外资审查通过（包括附条件通过）即为投资成功；东道国外资审查未通过则视为失败，未通过不仅包括审查机构直接否决、禁止，还包括收购企业迫于审批压力中途撤出或放弃投资。

一、基本假设及模型设定

（一）基本假设

在投资进入阶段，东道国法律制度作为东道国制度因素的集中体现，其对中国企业 OFDI 成效的影响主要基于其与中国制度距离给中国企业带来的外来者劣势，体现为更多的负向效应。值得注意的是，东道国法律制度对中国企业投资的限制程度往往与该国的对外开放程度直接相关。具体而言，东道国对外开放程度越高，越欢迎外国企业到本国投资，该国法律制度对外国投资的限制程度越低，中国企业在这一阶段成功进入该国投资的概率也越高，反之则不然。除此之外，东道国法律制度对中国企业进入该国投资成效的影响还受到企业异质性因素的制约。例如，投资企业的所有权性质、投资行业或领域等，都将影响中国企业进入东道国投资的成功率。为此，本节构建如下假设，其中，假设 1 ~2 为直接影响假设，假设 3 ~5 为异质性分析假设：

1. 假设 1（H－1）：在投资进入东道国时，东道国法律制度越健全，中国企业在该国的投资成功率越低

在投资进入阶段，东道国法律制度健全程度越低，外商投资壁垒越少，越能促进中国对外直接投资（郭卫军和黄繁华，2020）。东道国法治水平导致的高壁垒将明显阻碍中国企业在该国的对外资直接投资（张海伟等，2022）。因此，东道国外商投资壁垒越少，中国企业在该国投资成功率也会越高（杨栋旭和于津平，2022）。相对发展中国家而言，发达国家的法律制度更为健全，外商投资壁垒也相对更多。以外资安全审查制度为例，以美国、德国、日本为代表的发达国家多数建立了外资安全审查制度（徐晨和孙元欣，2018），对于外资对本国战略性行业或敏感领域的投资通常会实施国家安全审查等监管措施，中国企业进入这些国家投资时也会面临更大的法律风险和不确定性。相反，在法律制度相对滞后的发展中国家，多数尚未建立系统的外资审查制

度，外资通过收购或是绿地投资的方式进入这些国家受到的法律限制相对较少，投资项目落地的成功率更高。

2. 假设2（H－2）：东道国开放程度与外资在该国的投资成功率呈正相关

外资开放度某种程度上反映了东道国政府对外资的态度，东道国制度环境越开放自由，对外商投资行业的限制和外资进出东道国的流动限制越少，越有助于吸引外资，中国在该国的直接投资流量也越高（宋维佳和许宏伟，2012）。东道国加大开放程度、放宽外商投资限制将对中国企业在该国的直接投资产生积极影响（郭卫军和黄繁华，2020）。此外，发达国家与发展中国家在对外开放的领域方面呈现不同的特征与趋势。越来越多的发展中国家日益开放，通过简化投资审批程序、放开外资持股限制等措施吸引外商直接投资，能够显著促进中国企业在该国扩大投资规模。部分发达国家对能够增加本土就业机会的制造业领域推行开放政策，但对能源、金融、高科技等敏感行业或领域加强审查力度，收紧开放政策，这些都将影响中国企业在该国的直接投资（郭卫军和黄繁华，2020）。总体而言，无论是发达国家还是发展中国家，东道国开放程度越高，其制定的外资准入制度越宽松，中国企业进入该国投资的成功率越高。

3. 假设3（H－3）：在其他条件相同的情况下，国有企业受到东道国法律制度限制的程度高于民营企业

基于国有企业的特殊角色和身份，有些国家将中国国有企业的对外投资视为威胁而非机会（余菁，2014）。因此，相较于民营企业，中国国有企业在进入东道国阶段往往面临更大的准入壁垒和更高的缔约成本（陈兆源等，2018）。尤其是以跨境收购方式进入东道国时，中国国有企业往往面临东道国严格的安全审查及其对外国国有资本的歧视，通过跨境收购进入东道国的成功率明显比民营企业更低（杨波等，2016；李亚波，2018）。东道国法律制度，特别是有关外商投资的审查

制度，往往对受控于外国政府的外资企业设置更多限制。美国、澳大利亚、俄罗斯等国对于外国国企通常执行更高标准的国家安全审查程序（余菁，2014）。因此，基于所有制性质带来的“歧视因素”，中国国有企业对发达国家敏感行业投资，往往会因其国有制身份而降低进入东道国的成功率（朱华，2017）。中国国有企业由于国资控股比例较高，其决策很大程度上受国资的影响，或是发展过程中获得政府的各项支持，因而在东道国投资往往受到更大的阻力。

4. 假设4（H－4）：在其他条件相同的情况下，外资对东道国战略性行业或敏感领域的投资受到东道国法律制度的限制严于普通行业或领域

农业、矿产开发涉及一国重要自然资源，国防军工、核心基础设施、交通运输、港口航运关乎国家安全，这些往往是各国保护的战略性行业，因而普遍限制外商投资；通信、电信、信息技术、生物制造等领域受到东道国的重点关注，特别是高科技领域，外资准入的禁令或限制更多。尽管美国、澳大利亚、加拿大、德国、俄罗斯、欧盟成员国等国（地区）对“关键基础设施”“敏感行业”“战略性行业”“关键技术”的界定不尽相同，但都无一例外地要求对这些行业或领域的外商投资加强审查（杜仲霞，2013；张庆麟和刘艳，2012；黄奇，2017；孙元欣，2014；廖凡，2019）。近年来，多个国家开始收紧外资审查政策，严格控制外国企业对本国敏感行业的投资，中国企业对东道国这些行业或领域的投资也面临新的挑战和风险，投资成功率也将受到明显影响（寇蔻和李莉文，2019；房裕和田泽，2020；李军，2022；邢政君和程慧，2022）。

5. 假设5（H－5）：在其他条件相同的情况下，在投资进入阶段，控股投资比参股投资更容易受到东道国政府和目标公司管理层的抵制，更不容易获得成功

随着企业生产率的提高和国际化经验的积累，中国企业越来越倾

向通过控股方式在东道国投资，尤其是在制度完善的发达国家，中国企业更青睐独资模式（刘晓宁，2019）。从政府宏观层面来看，外资对东道国公司的控股投资，意味着将获得该公司资产及相关资源的控制权，依据加拿大、英国、欧盟等的外资安全审查制度，只要会获得其境内商业主体的控制权，就必须接受东道国政府的审查（施明浩，2015），有些国家甚至直接规定特定行业或领域外资不得控股（李志强，2007）。因此，在投资进入阶段，外资控股投资通常比参股投资更难获得成功。从目标公司微观层面来看，控股投资意味着公司控制权易主，新的控股股东很可能需要更换目标公司管理团队，原管理层将面临被降职或辞退的风险。为了避免这一不利局面，目标公司管理层往往会实施反收购措施抵制外来投资者（刘震，2018），从而增加控股投资的难度。

（二）模型设定

本节实证研究涉及的变量、定义及其数据来源如表 4－1 所示。

表 4－1　第四章第一节变量的定义与说明

变量类型	变量名	变量描述	数据来源
被解释变量	*COMP*	中国企业跨境收购完成状况	Zephyr 及 Thomson One 数据库
核心解释变量	*FDIRI*	东道国外资限制指数	OECD 发布的全球外资限制指数
其他控制变量	*DEV*	东道国经济发展水平	世界银行发布的《世界投资报告》
	OPEN	东道国开放度	世界银行发布的世界发展指标
	RES	东道国资源禀赋	联合国贸易和发展会议数据库及世界贸易组织数据库
	TECH	东道国技术水平	联合国贸易和发展会议数据库及世界贸易组织数据库

续表

变量类型	变量名	变量描述	数据来源
	UNI	东道国工会密度	国际劳工组织公布的国际统计调查数据以及 OECD 的劳动统计数据
	SHH	企业所有权性质	上市公司公开披露的股权结构
	EXP	企业国际投资经验	上市公司公布的年报信息
	SPP	收购股权比例	Zephyr 及 Thomson One 数据库
	IND	投资行业领域	美国、澳大利亚、欧盟外资安全审查制度就战略性行业或敏感领域的界定
	BIT	双边投资协议	商务部公布的中国对外签订双边投资协定清单

资料来源：依据本节正文内容整理。

针对前述假设 1 ~5，构建如下模型进行检验。

$$COMP_i = \alpha_0 + \alpha_1 FDIRI_i + \alpha_3 DEV_i + \alpha_4 OPEN_i + \alpha_5 RES_i + \alpha_6 lnTECH_i + \alpha_7 UNI_i + \alpha_8 SHH_i + \alpha_9 EXP_i + \alpha_{10} SPP_i + \alpha_{11} IND_i + \alpha_{12} BIT_i + \varepsilon_i \quad (1)$$

$$COMP_i = \alpha_0 + \alpha_1 FDIRI_i + \alpha_2 FDIRI_i \times SHH_i + \alpha_3 SHH_i + \alpha_4 DEV_i + \alpha_5 OPEN_i + \alpha_6 RES_i + \alpha_7 lnTECH_i + \alpha_8 UNI_i + \alpha_9 EXP_i + \alpha_{10} SPP_i + \alpha_{11} IND_i + \alpha_{12} BIT_i + \omega_i \quad (2)$$

$$COMP_i = \alpha_0 + \alpha_1 FDIRI_i + \alpha_2 FDIRI_i \times IND_i + \alpha_3 IND_i + \alpha_4 DEV_i + \alpha_5 OPEN_i + \alpha_6 RES_i + \alpha_7 lnTECH_i + \alpha_8 UNI_i + \alpha_9 EXP_i + \alpha_{10} SPP_i + \alpha_{11} SHH_i + \alpha_{12} BIT_i + \varphi_i \quad (3)$$

$$COMP_i = \alpha_0 + \alpha_1 FDIRI_i + \alpha_2 FDIRI_i \times SPP_i + \alpha_3 SPP_i + \alpha_4 DEV_i + \alpha_5 OPEN_i + \alpha_6 RES_i + \alpha_7 lnTECH_i + \alpha_8 UNI_i + \alpha_9 EXP_i + \alpha_{10} SHH_i + \alpha_{11} BIT_i + \varphi_i \quad (4)$$

（1）式用于检验假设1 和假设2，（2）式用于检验假设3，（3）式用于检验假设4，（4）式用于检验假设 5。$COMP_i$表示中国企业 i 跨境收购完成情况，当收购成功时取 1，反之则取 0。$FDIRI_i$表示中国企业 i

收购对象所在的东道国对外资的限制程度，采用东道国外资限制指数衡量。DEV_i表示中国企业 i 收购对象所在的东道国的经济发展水平，该变量为虚拟变量，东道国为发达国家则取 1，发展中国家则取 0。$OPEN_i$表示中国企业 i 收购对象所在的东道国的开放度，采用进出口贸易与 GDP 占比衡量。RES_i表示中国企业 i 收购对象所在的东道国的资源禀赋，采用燃料、矿产品出口额与总出口额比值衡量。$lnTECH_i$表示中国企业 i 收购对象所在的东道国的技术水平，以居民及非居民专利申请量之和的自然对数衡量。UNI_i表示中国企业 i 收购对象所在的东道国工会密度，以工会会员人数占总人口千分比衡量。EXP_i表示中国企业 i 的国际投资经验，为虚拟变量，具备国际投资经验取 1，否则取 0。SPP_i表示中国企业 i 收购的股权比例。SHH_i表示中国企业 i 的所有权性质，若为国企，则取 1；反之则取 0。BIT_i表示双边投资协议，如企业对东道国直接投资时中国与该国已签订双边投资协议则取 1；反之则取 0。IND_i表示投资行业领域，若涉及战略性行业或敏感领域则取 1；反之则取 0。ε_i、ω_i 和 φ_i 均为随机扰动项。在（1）式中，若$FDIRI_i$的估计系数 α_1 为负且统计上显著，则假设 1 通过；若$OPEN_i$的估计系数 α_4 为正且统计上显著，则假设 2 成立。在（2）式中，若法律制度限制程度与所有权性质变量的交互项$FDIRI_i \times SHH_i$的估计系数为负且统计上显著，则表明在其他条件相同的情况下，国有企业受到东道国法律制度限制的程度高于民营企业，即假设 3 成立。在（3）式中，若法律制度限制程度与投资行业领域变量的交互项$FDIRI_i \times IND_i$估计系数为负且统计上显著，则表明在其他条件相同的情况下，外资对东道国战略性行业及敏感领域的投资受到东道国法律制度的限制严于普通行业或领域，即假设 4 成立。在（4）式中，若法律制度限制程度与是否控股投资的交互项$FDIRI_i \times SPP_i$估计系数为负且统计上显著，则表明在其他条件相同的情况下，在投资进入阶段，控股投资比参股投资更容易受到东道国政府和目标公司管理层的抵制，更不容易获得成功，假设 5 成立。

二、变量选取及数据说明

（一）变量选取

1. 被解释变量

跨境收购的完成情况为被解释变量，亦为虚拟变量。被解释变量以 Zephyr 统计数据库和 Thomson One 统计数据库显示的跨境收购交易的“交易状态”为依据。剔除交易状态为“传言”（Rumor）、“待定”（Pending）、“公布”（Announce）或“推定完成”（Complete Assumed）的交易之后，剩余为“完成”（Complete）和“撤回”（Withdraw）两种，其中“完成”（Complete）即为收购成功，取值为 1；而“撤回”（Withdraw）即为收购失败，取值为 0。

2. 核心解释变量

东道国对外资的限制指数为核心解释变量。参考郭卫军和黄繁华（2020）的研究，以 OECD 发布的外资限制指数为东道国外资制度的代理变量，外资限制指数越高，说明外资准入法律制度越严；反之则越松。外资限制指数包含 4 个方面，分别是外商股权限制、外资审查要求、高管人员国籍限制、外资企业经营限制。具体而言：（1）外商股权限制是指东道国对于有些行业和领域禁止或限制外资投资，所谓禁止外资，是指完全排除外资参与，而限制外资是指限制外资在该行业或领域企业中的持股比例。（2）外资审查要求，主要体现为外资安全审查、反垄断审查等，外资审查通过是外商投资实施的前置要求。（3）高管人员国籍限制，是指对从事战略性行业或敏感领域的企业雇用外籍高管的比例或时间限制。（4）外资企业经营限制，包括对外资企业收购特定资产的限制、对外资企业设立分支机构的限制、对外资资本或利润汇回母国的限制等。本书取 OECD 公布的各国 2010 ~ 2019 年外资限制指数的平均数，对于 OECD 统计表中缺失的巴基斯坦和塞内加尔外资限制指数以 OECD 统计的全球平均数代替。

鉴于涉及中国企业海外收购能否实施的东道国法律制度主要为外资准入及审查制度，这不同于一国法律制度质量的判断，更侧重对一国对外开放相关法律制度的评价，因此采用体现一国开放程度的外资限制指数更加准确。

3. 其他控制变量

东道国经济发展水平（*DEV*），是对东道国经济发展状况的评估，作为虚拟变量。直接引用世界银行发布的《世界投资报告》中对于发达国家与发展中国家的划分，发达国家取值为1，发展中国家取值为0。东道国法律制度完善程度通常与东道国经济发展水平呈正相关。

东道国开放度（*OPEN*），表示东道国对外资进入的开放程度，采用进出口贸易与国内生产总值的比例来衡量，通过对世界银行公布的各国进出口贸易占国内生产总值加总数，取2010～2019年平均值。数据源于世界银行发布的世界发展指标。东道国对外资的开放程度与中国企业在该国的投资成功率呈正相关。

东道国资源禀赋（*RES*），表示东道国能源矿产等自然资源的丰裕程度，以自然资源租金总额占国内生产总值的比重（取2010～2018年平均数）来表示。数据源于世界银行公布的各国自然资源租金总额（占GDP的百分比）数据。东道国资源禀赋越高，越吸引外国企业投资该国矿产能源领域。

东道国技术水平（*TECH*），表示东道国高新技术发展水平，采用东道国2010～2018年居民及非居民专利申请量之和（取2010～2018年总数）来表示。数据源于世界发展指标。东道国技术水平越高，越吸引外国企业投资该国高新技术领域，东道国有关知识产权的保护力度也更大。

东道国工会密度（*UNI*），表示东道国工会组织的规模及其社会影响力。采用东道国工会会员人数占该国人口总数的千分比来表示。数据源于国际劳工组织公布的国际统计调查数据以及OECD网站在劳动统计分析方面的数据。预计东道国工会密度与中国企业在该国投资成功率呈负相关。

企业所有权性质（*SHH*），表示对外投资企业的所有权性质。该变量为虚拟变量，国有企业取值为 1，民营企业取值为 0。国资持股比例超过 10%（含 10%）的企业视为国有企业，国资持股比例不足 10% 的视为民营企业。信息源于上市公司公开披露的股权结构。中国国有企业在不同国家不同投资阶段因其所有权性质对投资成功率的影响各有差异，如在对外直接投资进入发达国家时，国有企业更可能因为该国限制受控于外国政府的外国企业投资本国相关行业或领域而受到更大的阻力；但若在与中国政府保持友好关系的发展中国家，特别是在对外直接投资运营阶段，国有企业往往得益于政府支持等有利条件而更容易成功。

企业国际投资经验（*EXP*），表示企业在实施该项对外投资项目前是否有国际投资、贸易或上市的经验。该变量为虚拟变量，如果有国际贸易、投资或在境外上市的经验则取值为 1，否则取值为 0。信息源于上市公司公布的年报或重大事件信息。通常具有国际投资经验的企业具有更合理的投资规划、更多元的融资资源、更强的收购整合能力，也更倾向于借助专业机构的力量协助对外投资，因而其海外收购的成功率也普遍高于没有国际投资经验的企业。

收购股权比例（*SPP*），表示收购目标公司的股权比例，判断该项收购为控股收购还是参股收购。该变量为虚拟变量，如果收购目标公司的股权比例超过 50%（含 50%）则为控股收购，取值为 1，否则取值为 0。数据源于 Zephyr 及 Thomson One 数据库。一般而言，控股收购受到目标公司管理层及相关利益主体的阻力大于参股收购。

投资行业领域（*IND*），表示企业在东道国投资的行业领域是否属于矿产能源、军工、通信、高新技术等战略性行业或敏感领域。该变量为虚拟变量，如果属于战略性行业或敏感领域取值为 1；反之，取值为0。参考依据主要为美国、澳大利亚、欧盟成员国有关外资安全审查制度确定的涉及“国家安全”的战略性行业或敏感领域。通常而言，中国企业投资东道国战略性行业或敏感领域受到的限制多于普通行业领域，在进入东道国阶段的成功率也更低。

双边投资协议（*BIT*），表示中国与东道国签署双边投资保护协议定的情况。该变量为虚拟变量，如果在中国企业投资之时东道国与中国签署了双边协定，则取值为1；反之，取值为0。与中国政府签订双边投资协议的东道国与中国拥有相对良好的双边贸易或投资合作关系，中国企业在该国投资成功率也相对更高。

此外，鉴于本书选取的收购者样本仅限于上市公司，上市公司相比非上市公司，通常拥有更为完善的公司治理结构以及更加公开透明的信息披露制度，能够为本书的研究提供更详细的信息。

（二）数据说明

本节数据主要源于 Zephyr 统计数据库和 Thomson One 统计数据库，两大数据库收集了全球发生的收购信息，包括收购者及目标公司名称、母国及东道国、收购标的、收购金额、交易状态，提供了本节实证分析所需的信息。

在样本选取方面，（1）选取 2010 ~ 2019 年数据，剔除 2010 年前的数据，以确保研究的时效性和实用性，剔除 2020 年至今的数据，以排除受新冠疫情影响不具代表性的样本；（2）选取对外投资企业注册于中国内地（大陆）的收购项目，剔除对外投资企业注册于中国港澳台地区的收购项目；（3）剔除目标公司位于中国（含港澳台地区）的国内收购以及目标公司所处地区未知的收购项目；（4）剔除目标公司为国内企业境外子公司的收购项目；（5）剔除难以获得目标公司所在的东道国相关样本数据的收购项目；（6）剔除两大数据库中就同一交易的重复记录；（7）选取收购者为中国证券交易所上市的企业，已上市的企业基于证券法有关信息披露的规定，将公开披露其重大事件及财务等信息，以便判断收购项目是否完成及其收购绩效；（8）剔除数据库中显示“传言”（Rumor）、“待定”（Pending）、“推迟”（Postponed）、“公布”（Announce）或“推定完成”（Complete Assumed）状态的收购项目，这些不确定的状态暂时无法判断企业海外收购是否成功；（9）剔除投资金额低于 20 万美元的项目；（10）剔除收购目标公司股权比例不确定或比例不足 10% 的项目，收购境外企业不足 10% 股权的投资原则上不属于对外直接投资；（11）剔除目标公司主营业务或主要资产在中国境内的样本。经过匹配，最终获得 87 家中国上市公司在 2010～2019 年共 113 项跨境收购案例，案例详情见附录：《中国企业对外投资进入阶段分析样本（2010～2019 年海外收购项目）》。

三、基准回归分析

表 4-2　针对假设 1～2 的回归结果

	(1) *COMP*	(2) *COMP*	(3) *COMP*
FDIRI	-0.0697		-0.2192**
	(-1.5552)		(-2.5514)
OPEN		0.2785**	0.8573**
		(1.9752)	(2.2090)
DEV			-2.4691*
			(-1.9345)
RES			0.0115
			(0.2107)
TECH			1.2189***
			(3.0661)
UNI			-7.1536**
			(-2.0255)
SHH			1.0263
			(1.3038)

续表

	(1) COMP	(2) COMP	(3) COMP
EXP			-2.2853
			(-0.7353)
SPP			-0.2205
			(-0.2781)
IND			-0.0232
			(-0.0311)
BIT			2.2552
			(1.3713)
Constant	2.0814***	0.9529***	-9.4503*
	(4.3071)	(3.5290)	(-1.8074)
N	112	113	107
Pseudo R^2	0.022	0.090	0.330
LR 统计值	2.325	10.049	33.970

注：括号内为t统计值，***、**和*分别表示在1%、5%和10%的显著性水平上通过统计显著性检验。

关于东道国法律制度环境对中国企业在该国投资成功率的影响，检验结果如表4-2所示，列（1）为不包含控制变量情况下东道国法律制度健全程度对投资成功率影响的检验结果，列（2）为不包含控制变量情况下东道国开放程度对投资成功率影响的检验结果，列（3）为包含控制变量情况下东道国法律制度健全程度和东道国开放程度对投资成功率影响的检验结果。

从表4-2中列（1）可见，东道国法律制度健全程度变量的估计系数为-0.0697，但无法通过统计显著性检验，没有足够的证据表明东道国法律制度环境会影响中国企业在该国的投资成功率，但该结果产生的原因可能是未考虑其他因素的影响。在列（3）中进一步加入控制变量之后，东道国法律制度健全程度变量的估计系数为-0.2192，且能够在5%的水平下通过统计显著性检验。该结果表明，在进入东道国阶段，随着东道国法律制度健全程度的提高，中国企业在该国的投资成功率将不断降低，假设1得到验证。根据列（2）的估计结果，东道国开放程度变量的估计系数为0.2785，且能够在5%的水平下通过统计显著性检验；在进一步加入控制变量的列（3）的估计结果中，东道国开放程度变量的估计系数为0.8573，且能够在5%的水平下通过统计显著性检验，表明在进入东道国阶段，随着东道国开放程度的提高，中国企业在该国的投资成功率将逐步提高，假设2得到验证。

就控制变量而言，东道国经济发展水平变量（*DEV*）的估计系数为负且在10%的水平下通过了统计显著性检验，表明在进入东道国阶段，东道国经济发展水平的提高不利于中国企业在该国投资成功率的提高。东道国技术水平（*TECH*）的估计系数为正且能够在1%的水平下通过统计显著性检验，表明随着东道国技术水平的提高，中国企业在该国的投资成功率随之提高。东道国工会力量变量（*UNI*）的估计系数为负且能够在5%的水平下通过统计显著性检验，表明随着东道国工会力量的增强，中国企业在该国的投资成功率将不断降低。

四、异质性分析

本部分从投资企业、投资标的、投资方式3类异质性因素中各选取一个代表性度量指标作进一步的异质性分析，以验证企业异质性在东道国法律制度影响 OFDI 成效过程中的调节作用。其中，投资企业异质性以所有权性质为代表，投资标的异质性以投资行业领域为代表，投资方式异质性则以是否控股为代表。

1. 基于所有权性质的异质性分析

为进一步检验国有企业受到东道国法律制度限制的程度是否高于民营企业，本节构建东道国法律制度健全程度与投资企业所有权性质交互项来进行检验，检验结果如表4-3所示，列（1）和列（2）分别给出了不包含控制变量以及包含控制变量的回归结果。列（1）中的回归结果表明，东道国法律制度健全程度与企业所有权性质交互项（*FDIRI_ SHH*）的估计系数为0.4284，且能够在5%的水平下通过统计显著性检验。由此可见，如果单纯考虑企业的所有权性质，国有企业受东道国法律制度限制程度明显高于民营企业，即假设3得到验证。但是在添加了其他控制变量的估计结果列（2）中，东道国法律制度健全程度与企业所有权性质交互项的估计系数虽为正，但无法通过统计显著性检验。这是因为国有企业相比民营企业，通常拥有更丰富的对外投资经验，以及更充裕的对外投资资源，包括资金、信息和专业服务资源等，在这些经验及资源的支持下能够就对外投资战略、投资方案、投资架构进行更加合理的规划并推进实施，从而提高对外投资的成功率，这一定程度上抵消了东道国法律制度对企业所有权性质的抑制作用。因此，体现在实证分析的数据上，该估计系数为正，但显著性减弱。

表4-3 针对假设3的回归结果

	(1) *COMP*	(2) *COMP*
FDIRI	-0.4628**	-0.5082**
	(-2.4118)	(-2.0664)
FDIRI_ SHH	0.4284**	0.3188
	(2.1617)	(1.2887)
SHH	-3.7221*	-1.7363
	(-1.9097)	(-0.7518)
DEV		-2.1104
		(-1.6422)
OPEN		0.8848**
		(2.2567)
RES		0.0288
		(0.5254)
lnTECH		1.2024***
		(2.9427)
UNI		-7.2167*
		(-1.9331)
EXP		-3.1701
		(-0.8545)

续表

	(1) COMP	(2) COMP
SPP		0.0737
		(0.0898)
IND		0.0993
		(0.1262)
BIT		2.1570
		(1.3054)
Constant	5.5012***	-6.4754
	(2.9409)	(-1.0553)
N	112	107
Pseudo R^2	0.078	0.349
LR 统计值	8.427	35.931

注：括号内为 t 统计值，***、** 和 * 分别表示在 1%、5% 和 10% 的显著性水平上通过统计显著性检验。

2. 基于投资行业领域的异质性分析

为进一步检验中国企业对东道国战略性行业或敏感领域的投资受到东道国法律制度的限制是否严于普通行业或领域，本节构建东道国法律制度健全程度与企业投资行业领域交互项来对假设 4 进行检验，检验结果如表 4-4 所示，列（1）和列（2）分别给出了不包含控制变量以及包含控制变量的回归结果。列（1）中的回归结果表明，东道国法律制度健全程度与企业投资行业领域交互项（*FDIRI_ IND*）的估计系数为 -0.1206，但无法通过统计显著性检验，但是在添加了其他控制变量的估计结果列（2）中，东道国法律制度健全程度与企业投资行业领域交互项的估计系数仍为负，且能够在 10% 的水平下通过统计显著性检验。因此，中国企业对东道国战略性行业或敏感领域的投资受到东道国法律制度的限制严于普通行业或领域，即假设 4 得到验证。

表 4-4 针对假设 4 的回归结果

	(1) *COMP*	(2) *COMP*
FDIRI	0.1712**	0.4560***
	(2.0393)	(2.6682)
FDIRI_ IND	-0.1206	-0.3311*
	(-1.2309)	(-1.7606)
IND	1.1543	3.7604*
	(1.0738)	(1.7506)
OPEN		0.8075
		(1.2851)
RES		-0.1165
		(-1.2267)
lnTECH		-0.0370
		(-0.1246)
UNI		-3.3326
		(-0.5692)
SHH		0.9403
		(1.1711)
EXP		1.1862
		(0.5327)
SPP		-1.0370
		(-1.1049)
BIT		-1.6999
		(-1.4524)
Constant	-0.2836	-2.8811
	(-0.3528)	(-0.5639)
N	111	107
Pseudo R^2	0.059	0.350
LR 统计值	6.341	36.044

注：括号内为 t 统计值，***、** 和 * 分别表示在 1%、5% 和 10% 的显著性水平上通过统计显著性检验。

3. 基于是否控股的异质性分析

为进一步检验在投资进入阶段控股投资是否比参股投资更容易受到东道国政府和目标公司管理层的抵制，本部分构建东道国法律制度健全程度与是否控股投资交互项来对假设 5 进行检验，检验结果如表

4 -5 所示，如列（1）和列（2）分别给出了不加控制变量以及加控制变量的回归结果。列（1）中的回归结果表明，东道国法律制度健全程度与是否控股投资交互项（*FDIRI_ SPP*）的估计系数为 -0.4535，且统计上非常显著，即使在控制了其他变量的估计结果列（2）中，东道国法律制度健全程度与是否控股投资交互项的估计系数仍然为负，且能够在 1% 的显著性水平上通过统计显著性检验。因此，在其他条件相同的情况下，在投资进入阶段，控股投资比参股投资更容易受到东道国政府和目标公司管理层的抵制，更不容易获得成功，即假设 5 得到验证。

表 4 -5 针对假设 5 的回归结果

	(1) *COMP*	(2) *COMP*
FDIRI	0.4446***	0.5065**
	(4.0516)	(1.9777)
FDIRI_ SPP	-0.4535***	-0.5150**
	(-4.4518)	(-2.2727)
SPP	3.4943***	4.3287***
	(3.0912)	(3.3556)
DEV		1.9349
		(1.5085)
OPEN		-1.8714
		(-1.4208)
RES		-0.0233
		(-0.3607)
lnTECH		-0.2754
		(-0.9286)
UNI		0.1512
		(0.1179)
SHH		-0.1447
		(-0.2666)
EXP		0.2259
		(0.2034)
IND		0.7031

续表

	(1) *COMP*	(2) *COMP*
		(0.8871)
BIT		-1.0782
		(-1.1499)
_ *cons*	-1.0785	1.9957
	(-1.1825)	(0.5828)
N	112	107
r^2_p	0.346	0.412
chi^2	37.396	40.836

注：括号内为t统计值，***、**和*分别表示在1%、5%和10%的显著性水平上通过统计显著性检验。

五、稳健性及内生性检验

1. 稳健性检验

通过前述的实证检验，假设1、假设2、假设3（不包含其他控制变量）和假设4（包含其他控制变量）均得到验证。然而，考虑数据中可能存在的极端值现象，上述实证结果可能并不可靠，故本部分对所有变量在1%和99%水平上进行缩尾处理，并利用缩尾处理后的数据重新进行估计，估计结果见表4-6。如表4-6所示，东道国法律制度健全程度变量的估计系数为-0.2303，且能够在1%的显著性水平上通过检验，故随着东道国法律制度健全程度的提高，中国企业在东道国的投资成功率将逐步下降。东道国开放程度变量的估计系数为0.7977，且能够在5%的显著性水平上通过统计显著性检验，表明随着东道国开放程度的提高，我国企业在东道国的投资成功率将逐步提高，即东道国开放程度有利于在该国的投资成功率的提高。故假设2仍然成立。

在列（2）中，*FDIRI_ SHH*的估计系数为0.3188，但无法通过统计显著性检验，因此，没有足够的证据表明东道国法律制度健全程度对投资成功率的抑制作用在国有和非国有企业之间存在差异，即假设3

未得到验证。在列（3）中，东道国法律制度健全程度与企业投资行业领域交互项的估计系数仍然为负，且能够在 10% 的显著性水平上通过统计显著性检验，即外资对东道国敏感行业及关键领域的投资受到东道国法律制度的限制严于普通行业或领域，即假设 4 得到验证。在列（4）中，*FDIRI_ SPP* 的估计系数为 -0.5230 且能够在 5% 的显著性水平上通过统计显著性检验，即在其他条件相同的情况下，在投资进入阶段，控股投资比参股投资更容易受到东道国政府和目标公司管理层的抵制。综合表 4-6 的检验结果，其与表 4-2、表 4-3、表 4-4 和表 4-5 保持一致。

表 4-6　采用 Logit 模型的稳健性检验结果（针对假设 1~5）

	(1) *COMP*	(2) *COMP*	(3) *COMP*	(4) *COMP*
FDIRI	-0.2303***	-0.5082**	0.4560***	0.5162*
	(-2.6148)	(-2.0664)	(2.6682)	(1.8189)
FDIRI_ SHH		0.3188		
		(1.2887)		
FDIRI_ IND			-0.3311*	
			(-1.7606)	
FDIRI_ SPP				-0.5230**
				(-2.0592)
DEV	-2.3270*	-2.1104		1.7718
	(-1.7976)	(-1.6422)		(1.4305)
OPEN	0.7977**	0.8848**	0.8075	-1.7007
	(2.1223)	(2.2567)	(1.2851)	(-1.3120)
RES	0.0402	0.0288	-0.1165	-0.0281
	(0.5414)	(0.5254)	(-1.2267)	(-0.4585)
lnTECH	1.2266***	1.2024***	-0.0370	-0.2645
	(3.1404)	(2.9427)	(-0.1246)	(-0.8837)
UNI	-7.1053**	-7.2167*	-3.3326	0.1740
	(-2.0417)	(-1.9331)	(-0.5692)	(0.1376)
SHH	1.0749	-1.7363	0.9403	-0.1276
	(1.3651)	(-0.7518)	(1.1711)	(-0.2376)
EXP	-2.1796	-3.1701	1.1862	0.2905

续表

	(1) *COMP*	(2) *COMP*	(3) *COMP*	(4) *COMP*
	(-0.6947)	(-0.8545)	(0.5327)	(0.2647)
SPP	-0.1819	0.0737	-1.0370	4.1887***
	(-0.2297)	(0.0898)	(-1.1049)	(3.1663)
IND	-0.0517	0.0993	3.7604*	0.6802
	(-0.0694)	(0.1262)	(1.7506)	(0.9109)
BIT	2.2370	2.1570	-1.6999	-1.0584
	(1.3590)	(1.3054)	(-1.4524)	(-1.1127)
Constant	-9.7607*	-6.4754	-2.8811	1.7588
	(-1.8971)	(-1.0553)	(-0.5639)	(0.4898)
N	107	107	107	107
Pseudo R^2	0.333	0.349	0.350	0.373
LR 统计值	34.346	35.931	36.044	37.581

注：括号内为t统计值，***、**和*分别表示在1%、5%和10%的显著性水平上通过统计显著性检验。

前述部分主要采用Logit模型对假设1~5进行了验证。本部分进一步采用Probit模型依次对假设1~5重新进行验证，估计后的结果见表4-7。从表4-7列（1）可见，*FDIRI*的估计系数为负且能够在1%的显著性水平上通过检验，故随着东道国法律制度健全程度的提高，中国企业在东道国的投资成功率将逐步下降。东道国开放程度变量的估计系数为0.3710且统计上显著，即随着东道国开放程度的提高，我国企业在东道国的投资成功率将逐步提高，即东道国开放程度有利于在该国的投资成功率的提高。在列（2）中，*FDIRI_ SHH*的估计系数为0.2066，但不显著，没有足够的证据表明东道国法律制度健全程度对投资成功率的抑制作用在国有和非国有企业之间存在差异。在列（3）中，东道国法律制度健全程度与企业投资行业领域交互项的估计系数仍然为负，且能够在10%的显著性水平上通过统计显著性检验，即外资对东道国敏感行业及关键领域的投资受到东道国法律制度的限制严于普通行业或领域。在列（4）中，*FDIRI_ SPP*的估计系数为-0.2199且能够在1%的显著性水平上通过统计显著性检验，即在其他条件相同的情况下，在投资进入阶段，控股投资比参股投资更容易受到东道国政府和目标公司管理层的抵制。综合上述结果可以发现，核心结论未发生变化。因此，即使在采用 Probit 模型进行估计的情况下，结果依然稳健。

表 4－7 采用 Probit 模型的稳健性检验结果（针对假设 1～5）

	(1) *COMP*	(2) *COMP*	(3) *COMP*	(4) *COMP*
FDIRI	－0.1223***	－0.3042**	0.2501***	0.2043**
	(－2.8387)	(－2.3484)	(2.9138)	(2.3863)
FDIRI_ SHH		0.2066		
		(1.5986)		
FDIRI_ IND			－0.1726*	
			(－1.8432)	
FDIRI_ SPP				－0.2199***
				(－2.9208)
DEV	－0.7873	－0.7330		0.8395
	(－1.4253)	(－1.3287)		(1.5723)
OPEN	0.3710**	0.4083**	0.3960	－1.0202
	(2.4060)	(2.3812)	(1.4640)	(－1.4457)
RES	0.0391	0.0252	－0.0667	－0.0424
	(0.9562)	(0.8149)	(－1.3578)	(－1.1909)
lnTECH	0.5484***	0.5486***	－0.0663	－0.1899
	(3.2930)	(3.1109)	(－0.3959)	(－1.3443)
UNI	－3.2633**	－3.3377**	－1.2556	0.0756
	(－2.1798)	(－2.0849)	(－0.4967)	(0.1123)
SHH	0.5672	－1.2241	0.4707	－0.0039
	(1.2181)	(－1.0310)	(1.0017)	(－0.0129)
EXP	－0.9893	－1.7057	0.7241	0.2405
	(－0.7023)	(－1.0334)	(0.5813)	(0.3444)
SPP	－0.0540	0.1291	－0.4335	2.2030***
	(－0.1203)	(0.2798)	(－0.9025)	(3.6651)
IND	0.2254	0.3080	2.0562*	0.2269
	(0.5485)	(0.7206)	(1.8304)	(0.6476)
BIT	0.6497	0.6111	－1.1963*	－0.8021*
	(0.8997)	(0.8149)	(－1.7691)	(－1.6695)

续表

	(1) COMP	(2) COMP	(3) COMP	(4) COMP
Constant	-4.2146*	-2.1220	-1.0176	2.0201
	(-1.7512)	(-0.7627)	(-0.3722)	(1.0999)
N	107	107	107	107
Pseudo R^2	0.317	0.335	0.345	0.321
LR 统计值	32.652	34.568	35.567	38.409

注：括号内为t统计值，***、**和*分别表示在1%、5%和10%的显著性水平上通过统计显著性检验。

2. 关于内生性的说明

本节的核心解释变量为东道国对外资限制指数，指数越高，外资准入法律制度越严格，被解释变量为跨境收购完成情况。内生性的来源主要有测量误差、遗漏变量、互为因果三类。首先，就测量误差而言，只有当解释变量存在测量误差时才会引起估计系数出现偏误，而在本节中，解释变量的数据来自OECD发布的外资限制指数，较为权威，出现测量误差的可能性较小。其次，就遗漏变量而言，只有当遗漏的变量与解释变量、被解释变量同时存在相关性时才会引起解释变量估计系数出现偏误，但本节的设定中，控制变量中加入了东道国、跨国收购企业各方面的特征，同时，还控制了投资行业以及收购来源国和目的国的双边合作变量，在很大程度上缓解了遗漏变量偏误。最后，就互为因果而言，当被解释变量影响解释变量时，会导致解释变量估计系数出现偏误。但从本节的解释变量和被解释变量来看，企业个体层面的收购成功与否不太可能会影响收购目的国的法律制度因素，从而不太可能面临互为因果引起的内生性问题。

第二节　基于中国企业对外直接投资落地后经营阶段的实证分析

目前关于对外直接投资绩效的评估主要有宏观与微观两个方面。宏观绩效评价是以一国对外直接投资作为评价对象，反映一国对外直接投资整体给国家带来的经济效果，通常以一国 OFDI 流量占世界的份额与其 GDP 占世界的份额之比来衡量该国对外直接投资的绩效。联合国贸易和发展会议发布的对外直接投资绩效指数就采用这种衡量方法。微观绩效评价是以某一企业特定对外投资项目为评价对象，反映该项对外投资对该企业带来的经济效果，通常以该企业该项投资落地后运营期间的财务数据对比投资前的变化情况来衡量该企业对外投资的微观绩效。本节主要关注“企业”的对外投资行为，因此下文将从微观角度对企业对外投资的绩效进行分析。

针对企业微观绩效，目前主要有两种评价方式：一种方式是以企业所投资的境外子公司的财务数据为样本，如从境外子公司的资产质量、运营效益、偿债能力、发展能力、技术获取效应及其对母公司及其他关联公司的贡献等方面综合评价该项投资的整体效益。然而从目前公开的信息渠道很难获知国内企业境外子公司的整体财务数据，即便是上市公司公开披露的信息中有关子公司的财务信息也仅包括流动资产、非流动资产、资产合计、流动负债等概要数据，有些未直接以上市公司名义实施的对外直接投资也未体现在公司财报中，更难评估其技术获取效应及其对母公司的整体贡献情况。另一种方式则是以对外投资企业自身的财务数据为样本，包括每股收益、净资产收益率、资产收益率、总资产增长率和资产负债率等财务指标，以此综合判断企业对外投资后的盈利能力、运营能力、发展能力和偿债能力情况。

对于投资规模较大的项目或是对外投资区位、行业较为集中的多个项目而言，对外直接投资项目运营期间该企业的财务数据，某种程度上能够集中反映其对外投资的绩效。因此，从数据的可获得性及全面性、准确性角度考虑，本节将对外投资企业本身的财务数据作为研究企业对外投资绩效的样本。从企业财务数据上看，如果企业对外投资后一段时间的财务数据优于投资前的数据，则视为投资成功；反之，则视为投资失败。

一、基本假设及模型设定

（一）基本假设

当中国企业成功进入东道国之后，其面临的外来者劣势将逐渐削弱。在投资落地后的经营阶段，东道国法律制度将平等适用于东道国本土企业及外商投资企业，东道国制度质量所带来的维持经济秩序、保障经济活动良好运行等诸多益处将同样惠及外商投资企业，将有效降低中国企业在当地投资的不确定性，帮助其获得预期投资绩效。因此，这一阶段东道国法律制度往往与中国企业在当地的投资绩效呈正相关，而东道国法律制度健全程度又与该国经济发展水平呈正相关。此外，投资企业的所有权性质、投资行业或领域等异质性因素在这一阶段同样会调节东道国法律制度对中国企业在该国投资绩效的影响效应。为此构建如下假设，其中，假设6～7为直接影响假设，假设8～10为异质性分析假设。

1. 假设6（H－6）：东道国法律制度越健全，中国企业所投资的当地企业绩效越高

从长期经营的角度来看，东道国制度质量及制度环境与中国企业的投资成效呈正相关，东道国腐败控制水平越高、市场经济环境越自由，中国企业在该国投资绩效越高（张海伟等，2022）。在投资落地后经营阶段，东道国完善的法律制度对中国企业对外直接投资有显著的

正向影响（祁春凌和邹超，2013；池建宇和方英，2014）。东道国制度环境的改善，包括监管质量的改善和政府效率的提高，对于中国企业到该国投资能够起到明显的促进作用（葛璐澜和金洪飞，2020）。法律制度作为制度的集中体现，对于企业经营绩效的作用更加显著。在投资落地后经营阶段，东道国法律制度越健全，包括知识产权保护制度在内的一系列经营合规性制度越完善，越有利于中国企业节约运营成本，获取预期投资效益（沙文兵，2012）。这一规律同样适用于中国企业在“一带一路”沿线的投资，中国在该地区的直接投资也与东道国制度质量呈正相关（陈升和张俊龙，2019；李可爱，2019），特别是东道国的政府效率、腐败控制以及产权保护程度能够抵销中国企业投资非效率（李世杰等，2021）。

2. 假设 7（H－7）：经济发展水平越高，东道国法律制度越健全

一国经济发展水平往往与其法律制度健全程度成正比。一方面，经济水平的提高为建立健全法律制度提供物质基础，拥有较高经济发展水平的国家才有足够的财力、物力推进法律制度的完善。另一方面，法律制度作为调整政治、经济、社会关系的法律规范，是一国政治、经济、社会发展在制度上的集中体现。随着一国经济不断向纵深发展，其规范经济活动的法律制度也会不断扩充并完善。因此，发达国家的经济发展水平普遍高于发展中国家，国内法律制度也相对更健全。东道国经济因素也是决定中国企业 OFDI 的基础性因素（王金波，2019）。在投资落地后经营阶段，东道国的经济发展水平和法治水平通常对企业 OFDI 效率产生正向影响（田泽等，2021）。东道国经济水平和制度环境往往通过影响投资企业海外子公司在东道国的活动来促进其投资绩效（Sakakibara & Yamawaki，2008）。具有较高经济发展水平的东道国，不仅具备较大的市场规模及增长潜力，还具有较高的生产力水平，因而能够为在该国经营的企业提供较高的企业技术绩效和创新绩效，这些都将有效提高中国企业在当地的投资绩效（张远鹏，

2010；蒋冠宏和蒋殿春，2014；刘晓丹和衣长军，2017）。

3. 假设8（H－8）：在其他条件相同的情况下，国有企业在东道国投资经营阶段受到当地法律制度限制的程度高于民营企业

由于外国政府控股或控制企业的敏感性及特殊性，即便获准在东道国投资，其进入该国后的实际经营阶段也往往受到当地法律制度更多的关注和限制。在多数发达国家，国有企业还需要遵循符合“竞争中立”原则的一系列制度规范，以消除母国政府在相关领域给予税收优惠或补贴政策的非市场性竞争优势（余菁，2014；王宝成等，2022）。这些制度规范对外国国有企业的抑制作用在投资绩效上也得以体现。相比民营企业，国有企业 OFDI 二元边际对企业收益具有明显的负向影响（杨连星等，2021）。国有企业出于国家利益目的，其实施的 OFDI 相比民营企业具有更强的风险偏好，对外投资失败率往往较高（Leotta L.，2012）。区别于民营企业追求经济利益的国际化战略，国有企业的 OFDI 与国家利益密切相关，在投资行业方面也更偏向自然资源等敏感领域，这也导致国有企业面临更高的投资风险，投资收益也相对较低（杨连星和张梅兰，2019）

4. 假设9（H－9）：在其他条件相同的情况下，东道国法律制度对于战略性行业或敏感领域的外资经营活动的监管严于普通行业或领域

在企业对外直接投资过程中，投资行业的不同特点将对投资绩效产生不同的影响（马广奇和王瑾，2019）。与投资进入阶段相同，东道国法律制度在外国企业进入东道国之后，同样会对其在矿业能源、通信传媒、航空运输、医药、酒店、高新技术等战略性行业或敏感领域的经营活动实施更为严格的监管。德国、加拿大、意大利等国法律就对战略性行业或敏感领域的外商投资在运营方式等方面设置了一系列监管要求，包括污染物排放、药品监管等（孙元欣，2014）。东道国法律在特定行业针对外资企业设置的监管要求将给外资企业带来额外的成本，使其在与东道国本土企业竞争过程中处于劣势地位，从而影响

外资在该行业或领域投资的绩效。中国企业对外直接投资又主要集中在能源供应业、制造业、采矿业及建筑业（裴秋蕊和卢进勇，2019；李加林和张元钊，2019），其中的采矿业、通信业和建筑业又是受东道国阻碍最大的领域（王碧珺和肖河，2017），这些都将影响中国企业在东道国投资的成效。

5. 假设 10（H－10）：在其他条件相同的情况下，在投资落地后的经营阶段，控股投资比参股投资更便于控制目标公司，获取预期投资收益

控制权通常被视为跨境收购的关键（罗群，2013）。控股投资有助于获得对目标公司的控制权。相比参股投资仅拥有收益的部分分配权，通过控股投资获得目标公司控制权才能真正实现对其关键资源的有效控制和利用，共同为收购者的整体发展战略和目标服务，更便于获得预期投资收益（洪联英等，2022）。尤其是在面对东道国政策不确定性风险时，对外投资企业对东道国目标公司的股权控制明显有利于防范投资风险，投资企业可以凭借其控股地位直接决策增资扩股以保全资产或是处置资产以及时止损，从而有效控制投资规模，保护投资财产安全（洪联英等，2022）。通常而言，对外投资企业对东道国被投资企业的控股比例越高，投资企业则拥有的长期发展能力越突出（徐琴，2018）。因此，随着企业规模的扩张及国际投资经验的丰富，越来越多的中国企业选择以独资方式实现对东道国企业的更高控制（周经和刘厚俊，2017；刘晓宁，2019）。

（二）模型设定

针对前述假设 6～10，构建如下模型进行检验。

$$PERF_i = \alpha_0 + \alpha_1 LAW_i + \alpha_2 DEV_i + \alpha_3 RES_i + \alpha_4 lnTECH_i + \alpha_5 ENV_i + \alpha_6 UNI_i + \alpha_7 SHH_i + \alpha_8 EXP_i + \alpha_9 SPP_i + \alpha_{10} BIT_i + \alpha_{11} IND_i + \varepsilon_i \quad (1)$$

$$LAW_i = \beta_0 + \beta_1 DEV_i + \beta_2 RES_i + \beta_3 lnTECH_i + \beta_4 ENV_i + \beta_5 UNI_i +$$

$$\beta_6 SHH_i + \beta_7 EXP_i + \beta_8 SPP_i + \beta_9 BIT_i + \beta_{10} IND_i + \varepsilon_i \tag{2}$$

$$PERF_i = \alpha_0 + \alpha_1 LAW_i + \alpha_2 LAW_i \times SHH_i + \alpha_3 DEV_i + \alpha_4 RES_i + \alpha_5 lnTECH_i + \alpha_6 ENV_i + \alpha_7 UNI_i + \alpha_8 SHH_i + \alpha_9 EXP_i + \alpha_{10} SPP_i + \alpha_{11} BIT_i + \alpha_{12} IND_i + \varepsilon_i \tag{3}$$

$$PERF_i = \alpha_0 + \alpha_1 LAW_i + \alpha_2 LAW_i \times IND_i + \alpha_3 DEV_i + \alpha_4 RES_i + \alpha_5 lnTECH_i + \alpha_6 ENV_i + \alpha_7 UNI_i + \alpha_8 SHH_i + \alpha_9 EXP_i + \alpha_{10} SPP_i + \alpha_{11} BIT_i + \alpha_{12} IND_i + \varepsilon_i \tag{4}$$

$$PERF_i = \alpha_0 + \alpha_2 LAW_i + \alpha_2 LAW_i \times SPP_i + \alpha_3 DEV_i + \alpha_4 RES_i + \alpha_5 lnTECH_i + \alpha_6 ENV_i + \alpha_7 UNI_i + \alpha_8 IND_i + \alpha_9 EXP_i + \alpha_{10} SPP_i + \alpha_{11} BIT_i + \alpha_{12} IND_i + \varepsilon_i \tag{5}$$

（1）式和（2）式分别用于检验假设 6 和假设 7，（3）式和（4）式分别用于检验假设 8 和假设 9，（5）式用于检验假设 10。$PERF_i$表示中国企业 i 的对外直接投资绩效。LAW_i表示中国企业 i 收购对象所在的东道国的法律制度健全程度，采用世界银行发布的全球治理指数（WGI）中法治指数衡量。DEV_i表示中国企业 i 收购对象所在的东道国的经济发展水平，该变量为虚拟变量，东道国为发达国家则取 1，发展中国家则取 0。RES_i表示中国企业 i 收购对象所在的东道国的资源禀赋，采用该国燃料、矿产品出口额与总出口额比值衡量。$lnTECH_i$表示中国企业 i 收购对象所在的东道国的技术水平，采用该国居民及非居民专利申请量之和的自然对数衡量。ENV_i表示中国企业 i 收购对象所在的东道国的生态环境指数。UNI_i表示中国企业 i 收购对象所在的东道国的工会密度，以该国工会会员人数占总人口千分比衡量。SHH_i表示中国企业 i 的所有权性质，若为国企则取 1；反之则取 0。IND_i表示中国企业 i 投资的行业领域，若涉及战略性行业或敏感领域则取 1；反之则取 0。EXP_i表示中国企业 i 的国际投资经验，为虚拟变量，具备国际投资经验则取 1；否则取 0。SPP_i表示中国企业 i 收购目标公司的股权比例。BIT_i表示双边投资协议，如企业对东道国投资时中国与该国已签订双边投资协议则取 1；反之则取 0。ε_i、ω_i 和 φ_i 均为随机扰动项。在（1）式中，若LAW_i的估计系数 α_1 为正且统计上显著，则假设 6 通过。在（2）式中，若DEV_i的估计系数 β_1 为正且统计上显著，则假设 7 通过。在（3）式中，若法律制度健全程度与所有权性质变量的交互项$LAW_i \times SHH_i$的估计系数为负且统计上显著，则表明在其他条件相同的情况下，国有企业在投资后经营阶段受到东道国法律制度限制的程度高于民营企业，即假设 8 成立。在（4）式中，若法律制度健全程度与投资行业领域变量的交互项$LAW_i \times IND_i$估计系数为负且统计上显著，则表明在其他条件相同的情况下，在投资后经营阶段中国企业在东道国战略性行业及敏感领域投资后经营阶段受到东道国法律制度的限制严于普通行业或领域，即假设 9 成立。在（5）式中，若法律制度健全程度与是否控股投资的交互项$LAW_i \times SPP_i$估计系数为负且统计上显著，则表明在其他条件相同的情况下，在投资后经营阶段中国企业对目标公司的控股投资受到东道国法律制度的限制程度高于非控股（参股）投资，即假设 10 成立。

二、变量选取及数据说明

（一）变量选取

1. 被解释变量

本节的被解释变量为对外投资企业绩效，以投资企业收购完成后 3 年财务综合指标对比收购前 2 年（含收购当年）财务指标来表示。

表 4－8　企业绩效评价指标计算公式

评价角度	财务指标	计算公式
盈利能力	每股收益	净利润/总股本
	净资产收益率	净利润/总股东权益
运营能力	主营业务利润率	主营业务利润/主营业务收入

续表

评价角度	财务指标	计算公式
发展能力	总资产增长率	（年末资产总额－年初资产总额）/年初资产总额
偿债能力	资产负债率	负债总额/资产总额

如表4－8所示，本节拟从盈利能力、运营能力、发展能力和偿债能力四个方面选取每股收益（EPS）、净资产收益率（ROE）、主营业务利润率（OPE）、总资产增长率（TAGR）和资产负债率（DAR）等五项财务指标，并构建一个综合评价函数将这五个财务指标整合成一个综合得分，取投资后3年平均得分（完成投资已达2年但不足3年的，以完成投资后所有年份的数据计算平均分），对比投资前一年及投资当年的平均得分，以判断企业的投资绩效。

具体步骤为，首先计算出样本公司上述五项财务指标在收购前的平均数及收购后的平均数，将两者对比得出五项指标的增长率（RoR），再将正向指标EPS、ROE、OPE、TAGR的增长率相加，减去适度指标DAR的增长率，得出最终的投资绩效指数（Performance Index）。公式如下：$PERFidx = EPSRoR + ROERoR + OPERoR + TAGRRoR - DARRoR$，其中，$EPSRoR =$（收购后EPS均值－收购前EPS）/收购前EPS均值，其他指标的增长率公式以此类推。经过计算得出样本公司对外投资绩效指数如表4－9所示。

表 4－9　中国企业对外投资落地后经营阶段分析样本

（2010～2019 年海外收购）

序号	收购项目	EPSRoR	ROERoR	OPERoR	TAGRRoR	DARRoR	绩效指数
1	海航控股收购 HILTON	－1. 13	－0. 83	－0. 42	0. 76	－0. 15	－1. 47
2	天海投资收购 INGRAM	0. 56	1. 24	－0. 17	－0. 86	16. 49	－15. 72
3	中冶收购 RESOURCEHOUSE	－0. 81	－0. 97	－0. 01	－0. 59	－0. 05	－2. 33
4	广核收购 MASTIKA	0. 00	－0. 12	－0. 06	1. 30	0. 01	1. 11
5	天齐锂业收购 SOCIEDAD	－1. 95	－2. 14	－0. 14	0. 43	0. 74	－4. 54
6	万达信息收购 LEGENDARY	－0. 16	－0. 20	0. 13	－0. 72	0. 03	－0. 98
7	中石油收购 ENI	－0. 62	－0. 62	－0. 09	－0. 53	－0. 05	－1. 81
8	中石化收购 UDM	－0. 28	－0. 38	0. 30	－0. 59	－0. 18	－0. 77
9	长江三峡收购 EDP	0. 23	－0. 02	－0. 18	－0. 33	0. 06	－0. 36
10	中国化学收购 ADAMA	1. 00	0. 51	0. 12	0. 48	0. 08	2. 03
11	中国银行收购 SALE	0. 69	0. 14	—	0. 48	－0. 02	1. 33
12	海航控股收购 SWISSPORT	0. 11	－0. 22	－0. 04	0. 22	－0. 17	0. 24
13	中石化收购 DAYLIGHT	－0. 13	－0. 21	－0. 32	－0. 17	0. 02	－0. 85
14	华能集团收购 INTERGEN	0. 17	0. 05	0. 16	－0. 68	0. 01	－0. 31
15	中石化收购 APACHE	－0. 42	－0. 40	－0. 03	－0. 59	－0. 06	－1. 38

续表

序号	收购项目	EPSRoR	ROERoR	OPERoR	TAGRRoR	DARRoR	绩效指数
16	中石油收购 PK	0.35	0.10	-0.15	0.76	-0.02	1.08
17	中石油收购 ENI	-0.26	-0.35	-0.10	-0.76	0.01	-1.48
18	万达信息收购 AMC	-0.25	-0.22	0.08	-0.59	0.15	-1.13
19	兖州煤业收购 FELIX	0.55	0.02	-0.11	1.46	1.66	0.26
20	长江三峡收购 WINDMW	-0.54	-0.09	0.06	-0.48	-0.19	-0.86
21	上海莱士收购 GRIFOLS	-1.40	-1.42	0.03	-1.72	-0.70	-3.81
22	洛阳钼业收购 ANGLO	-0.33	-0.06	-0.03	2.49	0.25	1.82
23	吉利汽车收购 VOLVO	0.38	-0.17	-0.26	-0.89	0.08	-1.02
24	锦江酒店收购 LOUVRE	0.30	-0.28	0.05	3.43	0.80	2.70
25	湖北能源收购 EMPRESA	-0.09	-0.29	0.12	-0.98	-0.15	-1.09
26	中石化收购 SIBUR	-0.28	-0.38	0.30	-0.59	-0.18	-0.77
27	万华化学收购 BORSOD	3.29	0.76	0.13	-0.28	-0.19	4.09
28	长江三峡收购 DUKE	-0.54	-0.09	0.06	-0.48	-0.19	-0.86
29	万达信息收购 INFRONT	-0.48	0.02	0.26	-0.50	0.49	-1.19
30	银亿收购 PUNCH	-3.45	-4.43	0.01	4.84	-0.17	-2.86
31	科瑞集团收购 BIO PRO	-0.86	-0.80	0.03	-1.00	-0.35	-2.28
32	中粮集团收购 NIDERA	1.45	1.28	-0.18	0.27	-0.07	2.89

续表

序号	收购项目	EPSRoR	ROERoR	OPERoR	TAGRRoR	DARRoR	绩效指数
33	紫金矿业收购 CONTINENTAL	0. 29	-0. 01	-0. 11	-0. 11	-0. 11	0. 17
34	中化工程收购 KRAUSSMAFFEI	-0. 43	-0. 56	0. 07	-0. 50	-0. 04	-1. 38
35	泛海控股收购 INTL DATA	-0. 30	-0. 55	-0. 05	-0. 95	-0. 01	-1. 84
36	光明食品收购 WEETABIX	1. 00	0. 25	-0. 01	-0. 12	0. 03	1. 09
37	光明食品收购 WEETABIX	0. 19	0. 07	0. 03	-0. 57	0. 11	-0. 39
38	立讯精密收购 ZF	-0. 08	0. 24	-0. 10	-0. 37	0. 13	-0. 44
39	山东黄金收购 BARRICK	-0. 17	-0. 29	0. 09	1. 96	0. 06	1. 53
40	海航集团收购 GENERAL	-0. 64	-0. 48	-0. 01	-0. 33	-0. 08	-1. 46
41	中石化油勘收购 CHESAPEAKE	-0. 42	-0. 40	-0. 03	-0. 59	-0. 06	-1. 38
42	三胞集团收购 DENDREON	-4. 33	-9. 47	-1. 58	-2. 28	0. 17	-17. 83
43	中航汽车收购 HENNIGES	-0. 30	-0. 12	0. 05	-0. 98	-0. 13	-1. 22
44	中石油天然气收购 INEOS	0. 00	-0. 14	-0. 38	-0. 34	0. 28	-1. 14
45	工商银行收购 STANDARD	0. 05	-0. 28	—	-0. 19	-0. 01	-0. 41
46	大连万达收购 WORLD	-0. 48	0. 02	0. 26	-0. 50	0. 49	-1. 19
47	东山精密收购 MULTI - FIN	5. 67	2. 56	-0. 06	0. 86	0. 15	8. 88
48	南京新百收购 HIGHLAND	0. 79	0. 66	0. 63	4. 40	0. 33	6. 15
49	国家电网收购 SP AUSNET	5. 63	5. 01	1. 63	-0. 56	-0. 08	11. 79

续表

序号	收购项目	EPSRoR	ROERoR	OPERoR	TAGRRoR	DARRoR	绩效指数
50	三一重工收购 PUTZMEISTER	-0.66	-0.67	-0.21	-0.87	0.08	-2.49
51	中航工业机电收购 HILITE	0.12	-0.06	0.10	-0.98	0.16	-0.98
52	招商局集团收购 LOSCAM	-0.09	-0.28	-0.04	0.06	-0.05	-0.30
53	潍柴动力收购 KION	0.87	1.02	-0.02	-0.34	0.02	1.51
54	西王食品收购 EMERALD	-2.25	-2.94	-0.02	-1.19	-0.14	-6.26
55	国投矿业收购 ARAB	1.53	1.40	1.20	-3.21	-0.08	1.00
56	海航集团收购 AZUL LINHAS	0.11	-0.22	-0.04	0.22	-0.17	0.24
57	中国蓝星收购 DRAKKAR	—	-0.25	-0.23	0.27	0.19	-0.40
58	万东医疗收购 ESAOTE	0.53	0.60	0.28	-0.81	-0.53	1.13
59	上海电力收购 ANSALDO	0.44	0.00	0.43	4.44	0.02	5.29
60	中国蓝星收购 RHODIA	—	-0.46	-0.31	0.26	0.25	-0.76
61	中国化工集团收购 ADISSEO	—	-0.46	-0.31	0.26	0.25	-0.76
62	如意集团收购 CUBBIE	-0.95	-0.33	-0.98	-0.96	0.00	-3.22
63	上海糖业烟酒收购 MANASSEN	-0.33	-0.42	0.25	1.33	-0.67	1.50
64	万达电影收购 HG HOLDCO	-0.03	-0.50	0.04	1.79	0.25	1.05
65	万丰航空收购 DIAMOND	-0.53	-0.29	-0.14	-0.54	-0.01	-1.49
66	国家电网收购 INDEPENDENT	-0.75	-0.78	-0.59	-0.55	-0.06	-2.61

续表

序号	收购项目	EPSRoR	ROERoR	OPERoR	TAGRRoR	DARRoR	绩效指数
67	紫金矿业收购 RTB BOR	0.64	0.38	0.05	1.99	-0.09	3.15
68	武汉钢铁收购 MMX	-0.79	-0.81	-0.57	-0.32	0.01	-2.50
69	天神娱乐收购 AVAZU	1.48	-0.33	0.60	72.79	-0.21	74.75
70	时代新材收购 ZF	-0.22	-0.55	-0.08	0.48	0.29	-0.66
71	锦江酒店收购 ACCOR	0.20	-0.05	0.04	-0.76	0.54	-1.11
72	潍柴动力收购 LINDE	-0.50	-0.55	-0.13	-0.07	0.06	-1.31
73	三诺生物收购 NIPRO	0.52	13.14	63.59	34.57	14.09	0.35
74	大康农业收购 FIAGRIL	-5.00	-20.59	2.51	-0.81	1.38	-25.27
75	国投电力收购 REPSOL	-0.22	-0.43	-0.11	-0.20	-0.07	-0.89
76	建设银行收购 WESTLB	0.81	-0.01	—	-0.39	-0.01	0.42
77	海航集团收购 NH HOTELES	-0.45	-0.32	0.10	0.00	-0.15	-0.52
78	工商银行收购 TEKSTIL	0.05	-0.28	—	-0.19	-0.01	-0.41
79	智度股份收购 SPIGOT	2.70	1.17	-0.19	54.25	-0.50	58.43
80	长虹电器收购 STEROPE	—	1.16	0.11	5.55	0.45	6.37
81	平安人寿收购 TSUMURA	0.74	0.22	—	0.04	-0.01	1.01
82	海印集团收购 FIBRANT	-0.22	-0.43	-0.01	-1.19	0.00	-1.85

上述财务数据源于上市公司公布的年报。部分企业在境内外多个证券交易所上市，则取境内交易所披露的年报数据；如仅在境外上市，则优先选取香港联合交易所披露的年报数据。部分企业未以上市公司名义实施收购，则取与实施收购企业直接相关的上市公司财务数据作为参照。

2. 核心解释变量

本节的核心解释变量为东道国法律制度质量。该指标用世界银行发布的全球治理指数中的法治指数表示，反映一国法律制度的质量和水平，包括产权保护力度、契约履行情况及司法环境水平等。本节将取各国 2010 ~ 2018 年平均数作为法治水平综合指标。一般而言，东道国法律制度质量对投资企业绩效产生积极影响，法治指数越高，意味着东道国制度质量越高，东道国法制环境越好，中国企业在该国投资的绩效越好。

3. 其他控制变量

本节实证分析涉及的控制变量与上一节略有不同，删除了与企业对外投资运营绩效不直接相关的东道国开放度（*OPEN*），增加了与企业对外投资运营绩效直接相关的东道国生态环境指数（*ENV*）。其他控制变量尽管在两节实证分析中通用，但各变量对核心解释变量的影响不尽相同。

东道国经济发展水平（*DEV*），是对东道国经济发展状况的评价。企业对外直接投资运营绩效的实现，依赖东道国稳定的营商环境以及东道国经济的长期稳定发展，因此，企业对外投资绩效通常与东道国经济发展水平呈正相关。

东道国资源禀赋（*RES*），表示东道国自然资源的丰裕程度。东道国自然资源越丰富，越能够为在该国投资的外国企业提供长期经营所需的、稳定的生产原料。

东道国技术水平（*TECH*），表示东道国高新技术发展水平。东道国技术水平越高，中国企业在该国投资的子公司的学习及技术获取效应越高，其面临东道国知识产权法律监管的程度也越高。

东道国生态环境指数（*ENV*），表示东道国生态环境状况。采用各国环境竞争力指数来表示，数据源于全国经济综合竞争力研究中心发布的《全球环境竞争力报告（2015）》。通常而言，生态环境指数高的东道国环境保护法律制度更加健全。尽管中国企业在这些国家投资面临更高的环保合规压力，但相比生态环境恶劣的东道国，生态环境指数高的东道国环境损害风险更低，中国企业在该国投资的绩效也更高。

东道国工会密度（*UNI*），表示东道国工会组织的规模及其社会影响力。东道国工会组织不仅在中国企业进入该国阶段举足轻重，影响中国企业进入该国的成功率，同样在投资后的经营阶段，工会作为东道国劳动者利益的代表，能否依法维护劳工权益，有效协助劳资沟通，构建和谐劳动关系，关系到中国企业能否实现预期的投资绩效。

企业所有权性质（*SHH*），表示对外投资企业的所有权性质。与对外投资刚进入东道国时不同，一旦成功进入东道国步入长期运营阶段，特别是在与中国政府保持友好关系的发展中国家，国有企业往往得益于政府支持等有利条件更容易获得成功。

企业国际投资经验（*EXP*），表示企业在实施该项对外投资之前是否有相关国际经验。国际投资经验不仅关乎进入东道国时的成功率，也直接影响企业投资经营阶段的绩效。具有国际经验的企业通常会借助专业机构的力量制订并实施有效的整合方案及运营规划，以实现境内外资源的有效整合及协同效应，其对外投资绩效也往往优于没有国际投资经验的企业。

持股比例（*SPP*），表示中国企业对其境外子公司的持股比例，50% 以上（含 50%）为控股，不超过 50% 则为参股。在控股情况下，中国企业作为母公司获得境外子公司的控制权，能够主导境外子公司的业务经营及资源配置，从而为母公司整体发展战略服务，实现企业预期投资绩效，处于控股地位的母公司如果不能充分尊重东道国当地经营管理团队的独立自主经营权利，很可能导致核心高管及技术人员的流失，以及境外子公司运营“水土不服”，从而影响对外投资绩效。中国企业在参股投资的情况下也会面临不同的处境，取决于对外投资企业自身的经营管理方式。

双边投资协议（*BIT*），表示中国与东道国签署双边投资保护协定的情况。与中国政府签订双边投资协议的东道国与中国拥有相对良好的双边贸易或投资合作关系，中国企业在该国投资能够得到更多的保障，投资绩效也相对更高。

本节实证研究涉及的变量、定义及其数据来源详见表4－10。

表4－10 第四章第二节变量的定义与说明

变量类型	变量名	变量描述	数据来源
被解释变量	*PERF*	中国企业对外直接投资绩效	上市公司年报
核心解释变量	*LAW*	东道国法律制度	世界银行发布的全球治理指数中的法治指数
其他控制变量	*DEV*	东道国经济发展水平	世界银行发布的《世界投资报告》
	RES	东道国资源禀赋	联合国贸易和发展会议数据库及世界贸易组织数据库
	TECH	东道国技术水平	联合国贸易和发展会议数据库及世界贸易组织数据库
	ENV	东道国生态环境指数	全国经济综合竞争力研究中心发布的《全球环境竞争力报告（2015）》
	UNI	东道国工会密度	国际劳工组织公布的国际统计调查数据以及OECD的劳动统计数据
	SHH	企业所有权性质	上市公司公开披露的股权结构

续表

变量类型	变量名	变量描述	数据来源
	EXP	企业国际投资经验	上市公司公布的年报信息
	SPP	收购股权比例	Zephyr 及 Thomson One 数据库
	BIT	双边投资协议	商务部公布的中国对外签订双边投资协定清单

资料来源：依据本节正文内容整理。

（二）数据说明

企业对外直接投资主要采用跨境收购及绿地投资两种形式。目前，从国家宏观角度已有数据区分跨境收购及绿地投资统计中国对外直接投资情况。但从企业微观角度来看，针对企业对外直接投资的统计数据主要集中于跨境收购，各企业绿地投资的数据很难从公开渠道获得。考虑中国企业跨境收购完成后的海外子公司与通过绿地投资新设的海外子公司，在运营阶段受东道国法律制度的监管有很大的相似性，其绩效受东道国法律制度影响的情况大同小异。因此，基于相关数据的可获得性、完整性和准确性，本节将以跨境收购完成后海外子公司的业绩情况为样本分析东道国法律制度的影响。具体而言，本节将以上一节实证分析中显示已经“完成”的跨境收购项目为样本，通过对投资企业在收购项目交割后一段时间（3 年）财务指标的综合评估，对比收购前的企业财务数据，得出中国企业对外投资绩效的评价。上述收购项目“完成”时间以 Zephyr 全球并购数据统计的“Completed Date”为准。之所以将统计时间设定为收购完成后的 3 年，是因为收购效应无法在短期内显现，而若时间过长，企业运营业绩将受到其他重要因素（如国内改制、重组等重大事项）的影响，无法分辨该项投资对企业绩效的贡献。若对外直接投资企业本身不是上市公司，但旗下拥有多个上市公司，则将其持股比例最高的上市子公司的绩效作为其投资绩效的衡量数据。在此基础上，本节剔除重大重组事件导致财务数据严重偏离的样本（湖北沙隆达收购以色列 ADAMA 项目）以及同一集团旗下多个子公司合作收购同一目标公司股权的重复样本（中石化收购俄罗斯 SIBUR 项目），最终获得 66 家中国上市公司在 2010～2019 年完成的 82 项跨境收购案例。

三、基准回归分析

（一）东道国法律制度对投资企业绩效的影响

本部分检验东道国法律制度健全程度对投资企业绩效的影响，检验结果如表 4－11 所示，列（1）和列（2）分别为不包含控制变量和包含控制变量的检验结果。列（1）的估计结果显示，东道国法律制度健全程度的估计系数为正，但未能通过统计显著性检验；在加入其他控制变量的估计结果列（2）中，东道国法律制度健全程度的估计系数为正，且能够在 5% 的水平下通过统计显著性检验，表明保持其他因素不变的情况下，随着东道国法律制度健全程度的提高，投资企业的绩效将逐步提高，即假设 6 得到验证。

表 4－11　针对假设 6 的检验结果

	(1) *PERF*	(2) *PERF*
LAW	0.7598	4.5341**
	(0.6938)	(2.2366)
DEV		5.7152
		(1.2828)
RES		1.3181**
		(2.5849)
lnTECH		－2.5122**
		(－2.2928)
ENV		－0.6232*
		(－1.7248)
UNI		5.4161*
		(1.7440)

续表

	(1) PERF	(2) PERF
SHH		-0.1757
		(-0.0745)
EXP		12.5666***
		(3.7832)
SPP		1.8353
		(0.8139)
BIT		-11.5089**
		(-2.2181)
Constant	-0.0348	44.9247*
	(-0.0181)	(1.9195)
N	82	79
调整后的 R^2	-0.009	0.271
F	0.481	3.89

注：括号内为 t 统计值，***、** 和 * 分别表示在 1%、5% 和 10% 的显著性水平上通过统计显著性检验。

就控制变量而言，东道国资源禀赋的估计系数为正且能够在 5% 的水平下通过统计显著性检验，表明随着东道国资源禀赋的增加，投资企业的绩效将逐步提高。东道国技术水平和东道国生态环境指数的估计系数均为正，且分别在 5% 和 10% 的水平下通过了统计显著性检验，表明随着东道国技术水平和生态环境水平的提高，投资企业的绩效将随之提高。东道国工会密度以及企业国际投资经验的估计系数均为正且均能通过统计显著性检验，表明随着东道国工会密度以及企业国际投资经验的增加，投资企业的绩效水平也将逐步提高。

（二）东道国经济发展水平对法律制度质量的影响

本部分检验东道国经济发展水平对东道国法律制度健全程度的影响，检验结果如表 4-12 所示，列（1）和列（2）分别为不包含控制变量和包含控制变量的检验结果。列（1）的估计结果显示，东道国经济发展水平的估计系数为正，且能够在 1% 的水平下通过统计显著性检验，表明东道国经济发展水平与法律制度健全程度存在显著的正相关关系。列（2）的估计结果显示，东道国法律制度健全程度的估计系数为正，且能够在 1% 的水平下通过统计显著性检验，表明在保持其他因素不变的情况下，随着东道国经济发展水平的提高，东道国法律制度健全程度将不断提高，即假设 7 得到验证。

表 4－12　针对假设 7 的检验结果

	(1) *LAW*	(2) *LAW*
DEV	1.5489***	1.4184***
	(10.2089)	(4.8262)
RES		0.0111
		(0.5244)
lnTECH		0.0200
		(0.4210)
ENV		0.0358*
		(1.7190)
UNI		-0.0000
		(-0.0003)
SHH		-0.0860
		(-0.9142)
EXP		-0.0509
		(-0.3382)
SPP		0.2056
		(1.3575)
BIT		0.0161
		(0.0673)
Constant	-0.0184	-2.1766*
	(-0.1287)	(-1.7915)
N	82	79
调整后的 R^2	0.673	0.671
F	104.223	18.70

注：括号内为 t 统计值，***、** 和 * 分别表示在 1%、5% 和 10% 的显著性水平上通过统计显著性检验。

四、异质性分析

（一）基于企业产权性质的异质性检验

本部分从企业产权性质出发，检验东道国经济发展水平对东道国法律制度健全程度的影响在国有企业和民营企业之间是否存在显著差异，检验结果如表 4－13 所示，列（1）和列（2）分别为不包含控制变量和包含控制变量的检验结果。列（1）的估计结果显示，东道国法律制度健全程度与产权性质变量交互项的估计系数（*LAW_ SHH*）为负，且能够在 1% 的水平下通过统计显著性检验，表明东道国法律制度健全程度与投资企业绩效的相关性在国企和民企之间存在显著差异。列（2）的估计结果显示，东道国法律制度健全程度与产权性质变量交互项的估计系数（*LAW_ SHH*）为负，且能够在 1% 的水平下通过统计显著性检验，表明在保持其他因素不变的情况下，东道国法律制度健全程度对投资企业绩效的抑制作用在国有企业样本中更大，即假设 8 得到验证。

表 4－13　针对假设 8 的检验结果

	(1) *PERF*	(2) *PERF*
LAW	－0. 2723	2. 6208
	(－0. 1908)	(1. 1937)
LAW_ SHH	－0. 6051***	－0. 5775***
	(－37. 7657)	(－4. 1960)
SHH	－2. 6349	0. 3294
	(－0. 6809)	(0. 1746)
DEV		8. 3625*
		(1. 7931)
RES		1. 3256**
		(2. 3866)
lnTECH		－2. 3356*
		(－1. 9256)

续表

	(1) *PERF*	(2) *PERF*
ENV		-0.5493
		(-1.4412)
UNI		5.4773
		(1.6480)
EXP		12.4134***
		(3.2486)
SPP		2.8610
		(1.3398)
BIT		-12.3096**
		(-2.3274)
IND		-0.4408
		(-0.1826)
_ *cons*	2.8821	39.1015
	(0.5785)	(1.5726)
N	82	79
r^2_ *a*	0.022	0.269
F	494.226	

注：括号内为t统计值，***、**和*分别表示在1%、5%和10%的显著性水平上通过统计显著性检验。

（二）基于投资行业领域的异质性检验

本部分从投资行业领域是否为战略性行业或敏感领域出发，检验东道国法律制度健全程度的影响在战略性行业或敏感领域与非战略性行业或敏感领域间是否存在显著差异，检验结果如表4-14所示，列（1）和列（2）分别为不包含控制变量和包含控制变量的检验结果。列（1）的估计结果显示，东道国法律制度健全程度与投资行业领域交互项的估计系数（*LAW_ IND*）为负，且能够在1%的水平下通过统计显著性检验，表明东道国法律制度健全程度与投资企业绩效的相关性在战略性行业或敏感领域和非战略性行业或敏感领域之间存在显著差异。列（2）的估计结果显示，东道国法律制度健全程度与投资行业领域交互项的估计系数（*LAW_ IND*）为负，且能够在 1% 的水平下通过统计显著性检验，表明在保持其他因素不变的情况下，东道国法律制度健全程度对投资企业绩效的抑制作用在战略性行业或敏感领域中更大，即假设 9 得到验证。

表 4 – 14　针对假设 9 的检验结果

	(1) PERF	(2) PERF
LAW	−0.2330	2.9359
	(−0.1603)	(1.3417)
LAW_ IND	−0.5964***	−0.5803***
	(−25.7016)	(−5.4102)
IND	−2.7367	−1.1534
	(−0.9149)	(−0.4783)
DEV		7.8968*
		(1.6978)
RES		1.3004**
		(2.3412)
lnTECH		−2.4210**
		(−2.0009)
ENV		−0.5311
		(−1.4115)
UNI		5.2806
		(1.5596)
SHH		0.9277
		(0.4899)
EXP		12.7612***
		(3.3016)
SPP		2.9700
		(1.3919)
BIT		−11.9107**
		(−2.2541)
_ cons	2.7620	38.7590
	(0.6768)	(1.5522)
N	82	79
r^2_ *a*	0.028	0.273
F	627.186	

注：括号内为 t 统计值，*** 、** 和 * 分别表示在 1% 、5% 和 10% 的显著性水平上通过统计显著性检验。

（三）基于是否控股的异质性检验

这部分从是否控股角度出发，检验东道国经济发展水平对东道国法律制度健全程度的影响在控股与非控股间是否存在显著差异，模型（10）的估计结果如表 4－15 所示，列（1）和列（2）分别为不包含控制变量和包含控制变量的估计结果。列（1）的检验结果显示，东道国法律制度健全程度与是否控股交互项的估计系数为正，且能够在 5% 的显著性水平上通过统计显著性检验，表明东道国法律制度健全程度与投资企业绩效的相关性在控股和非控股之间存在显著差异。列（2）的估计结果为包含控制变量的估计结果，该估计结果显示，东道国法律制度健全程度与是否控股交互项的估计系数为正，且能够在 10% 的显著性水平上通过统计显著性检验，表明在其他条件相同的情况下，在投资落地后的经营阶段，控股投资比参股投资更便于控制目标公司，获取预期投资收益，即假设 10 得到验证。

表 4－15　针对假设 10 的检验结果

	(1) *PERF*	(2) *PERF*
LAW	－1.9822	0.1863
	(－1.3234)	(0.0733)
LAW_ SPP	7.3789**	7.0005*
	(2.3175)	(1.8733)
SPP	－1.2270	－0.4478
	(－0.6787)	(－0.1973)
DEV		9.9139**
		(2.1251)
RES		1.2907**
		(2.3702)
lnTECH		－2.5046**
		(－2.1338)
ENV		－0.5052
		(－1.3921)

续表

	(1) PERF	(2) PERF
UNI		7.7299**
		(2.2431)
SHH		-0.9192
		(-0.4134)
EXP		9.3756***
		(2.7206)
BIT		-12.3783**
		(-2.2471)
IND		1.1475
		(0.5024)
_cons	1.4768	43.1762*
	(0.9929)	(1.7230)
N	82	79
r^2_p	0.071	0.312
chi^2	2.439	

注：括号内为 t 统计值，***、** 和 * 分别表示在 1%、5% 和 10% 的显著性水平上通过统计显著性检验。

五、稳健性及内生性检验

（一）稳健性检验

通过前述的实证检验，假设 5 和假设 6 得到验证。然而，考虑数据中可能存在的极端值现象，上述实证结果可能并不可靠，故本部分对所有变量在 1% 和 99% 水平上进行缩尾处理，并利用缩尾处理后的数据重新进行估计，估计结果如表 4-16 所示，东道国法律制度健全程度的估计系数仍为正，且能够在 10% 的显著性水平上通过统计显著性检验，表明在保持其他因素不变的情况下，随着东道国法律制度健全程度的提高，投资企业绩效将逐步提高，即假设 6 得到验证。列（2）中，东道国经济发展水平的估计系数为正，且能够在 1% 的显著性水平上通过了统计显著性检验，表明在保持其他因素不变的情况下，随着东道国经济发展水平的提高，东道国法律制度健全程度将不断提高，即假设7得到验证。由此可以得出结论，即使在考虑极端值的情况下，核心结论仍然能够成立。

列（3）中，东道国法律制度健全程度与产权性质变量交互项的估计系数为负，且能够在1%的显著性水平上通过统计显著性检验，表明在保持其他因素不变的情况下，东道国法律制度健全程度对投资企业绩效的抑制作用在国有企业样本中更大。列（4）中，东道国法律制度健全程度与投资行业领域交互项的估计系数为负，且能够在1%的显著性水平上通过统计显著性检验，表明在保持其他因素不变的情况下，东道国法律制度健全程度对投资企业绩效的抑制作用在敏感领域中更大。根据列（3）和列（4）的结果可以发现，假设8和假设9的结果仍然成立。列（5）中，东道国法律制度健全程度与是否控股交互项的估计系数为负，且能够在1%的显著性水平上通过统计显著性检验，表明在其他条件相同的情况下，在投资落地后的经营阶段，控股投资比参股投资更便于控制目标公司，获取预期投资收益。由此可以得出结论，假设10仍然成立。综合上述检验结果，核心结论依然成立。

表4－16　针对假设6～10的稳健性检验结果

	(1) *PERF*	(2) *LAW*	(3) *PERF*	(4) *PERF*	(5) *PERF*
LAW	1.8655*		0.9611	1.9675*	－0.7930
	(1.7082)		(1.0716)	(1.7125)	(－0.7277)
LAW_ SHH			－1.2713***		
			(－4.3358)		
LAW_ IND				－1.7507***	
				(－3.0651)	
LAW_ SPP					4.2917***
					(3.8669)
DEV	－0.3010	1.2996***	1.5721	0.9265	2.6168
	(－0.1246)	(6.6766)	(1.0676)	(0.5565)	(1.3352)

续表

	(1) PERF	(2) LAW	(3) PERF	(4) PERF	(5) PERF
RES	0.1330	0.0099	0.1486	0.0870	0.1377
	(0.7913)	(0.5917)	(0.8386)	(0.4719)	(0.7604)
lnTECH	-0.5991	0.0415	-0.5605	-0.6788	-0.6141
	(-1.5528)	(1.0916)	(-1.3103)	(-1.5062)	(-1.5192)
ENV	-0.2150	0.0362*	-0.1603	-0.1304	-0.1470
	(-1.0675)	(1.8593)	(-0.9038)	(-0.7256)	(-0.8648)
UNI	0.5955	-0.0198	1.1234	0.5034	2.1139
	(0.2783)	(-0.0932)	(0.8937)	(0.3913)	(1.6304)
SHH	1.0468	-0.0443	0.5174	0.9280	0.3250
	(0.8174)	(-0.3476)	(0.4928)	(0.9154)	(0.3254)
SPP	-0.1239	0.2058	-0.0436	-0.1580	-1.5780
	(-0.0971)	(1.6462)	(-0.0530)	(-0.1646)	(-1.2648)
BIT	-0.9810	0.0905	-1.7994	-1.3796	-1.5884
	(-0.5351)	(0.4978)	(-0.8739)	(-0.6627)	(-0.7865)
IND	-0.2163	-0.1413	1.4809	1.6585	0.9684
	(-0.1772)	(-1.1965)	(1.1940)	(1.1888)	(0.7954)
_cons	16.2453	-2.4166**	12.3502	12.1025	13.3022
	(1.4820)	(-2.3133)	(1.1781)	(1.1127)	(1.3425)
N	79	79	79	79	79
r^2_a	-0.018	0.679	0.149	0.118	0.146
F	0.860	19.374	3.291	2.119	2.805

注：括号内为 t 统计值，***、** 和 * 分别表示在 1%、5% 和 10% 的显著性水平上通过统计显著性检验。

（二）关于内生性的说明

本节的核心解释变量为东道国法律制度质量，指数越高，东道国法制环境越好；被解释变量为中国企业在该国的投资绩效。针对内生性的三类主要来源，首先，就测量误差而言，本节解释变量的数据来自世界银行发布的全球治理指数中的法治指数，比较权威，因此出现测量误差的可能性很小。其次，就遗漏变量而言，本节控制变量同样加入了东道国、对外投资企业各方面的特征，而且在上一节控制变量的基础上进一步补充了与企业对外投资运营绩效直接相关的东道国生态环境指数，以此减少遗漏变量的偏误。最后，就互为因果而言，与上一节相同，中国企业个体层面的绩效（被解释变量）对东道国法律制度质量（核心解释变量）的直接影响不大，因而不太可能面临互为因果引起的内生性问题。

本章小结

本章区分投资进入以及投资落地后经营两个阶段，就东道国法律制度对中国企业对外直接投资成效的影响进行实证分析并通过稳健性检验，得出以下结论。

首先，在投资进入阶段，受外来者劣势的影响，东道国法律制度健全程度与中国企业进入该国投资的成功率呈负相关，即东道国法律制度越健全，中国企业进入该国投资的成功率越低。东道国的开放程度与中国企业进入该国投资的成功率呈正相关，东道国对外开放程度越高，其外资准入制度往往越宽松，中国企业进入该国投资的成功率越高。基于进一步异质性分析，如果单纯考虑企业所有权性质，国有企业受东道国法律制度的限制程度高于民营企业；但若结合投资企业的国际投资经验等其他因素进一步检验，两者没有明显差异。从投资的行业及领域来看，中国企业对东道国战略性行业或敏感领域的投资受到东道国法律制度的限制严于普通行业或领域。从是否控股投资来看，控股投资比参股投资更容易受到东道国政府和目标公司管理层的抵制，更不容易获得成功。

其次，在投资落地后经营阶段，中资企业可以与东道国本土企业一起享有东道国制度价值带来的益处，随着东道国法律制度健全程度的提高，中国企业在该国投资的企业绩效将逐步提高，而且东道国资源禀赋、技术水平、生态环境水平、工会密度以及企业自身的国际投资经验也与投资企业绩效水平呈正相关。简言之，随着东道国资源禀赋、技术水平、生态环境水平、东道国工会密度的提高以及企业自身国际投资经验的增加，投资企业绩效将逐步提高。进一步异质性分析表明，在对外投资项目长期经营阶段，东道国法律制度健全程度与投资企业绩效的相关性在国企和民企之间、敏感领域和非敏感领域之间以及是否控股之间存在显著差异，即东道国法律制度对于中国国有企业的限制程度高于民营企业，对战略性行业或敏感领域的外资经营活动监管也严于普通行业或领域，但控股投资比参股投资更便于投资企业控制目标公司，从而更容易获取预期投资收益。

第五章　减轻东道国法律制度对中国企业OFDI不利影响的对策建议

无论是在投资进入阶段还是投资落地后的长期经营阶段，东道国法律制度都将显著影响中国企业在该国投资的成效。然而，东道国法律制度在一定时期是相对确定的，也不以投资企业或母国政府的意志为转移。无论是投资企业还是母国政府，都无法改变东道国的法律制度。一旦决定到该东道国投资，投资企业能做的只能是遵循该国法律制度，并发挥投资企业、投资标的、投资方式等方面异质性因素的调节作用，通过调整对外投资战略、规划以及投资方式、融资方式等，将东道国法律制度的消极影响降到最低，或是发挥东道国法律制度的积极影响，以提高对外投资的成功率。投资企业作为个体，力量相对微弱，仅凭自身力量难以抵御东道国法律制度的负向效应。为此，投资企业往往需要母国政府进一步完善投资保护国际规范，同时构建一系列对外投资促进和保障制度，为本国企业对外投资提供更多支持与保障。例如，通过与东道国签订双边投资保护协定，为企业争取在东道国的国民待遇，通过对外投资保险制度为对外投资企业提供投资担保，通过信息服务制度为本国企业提供对外投资所需的可靠信息，减少信息不对称导致的投资风险等。

本章分别从微观及宏观两个角度，探讨减轻东道国法律制度负向效应、提高中国企业 OFDI 成功率的可行方法，为对外投资企业及监管机构提供有益参考。

第一节　微观层面：给企业的对策建议

投资企业是对外直接投资活动最重要的主体，从制定投资规划、寻找投资目标、确定投资意向、制订投资方案、开展尽职调查、参与交易谈判、签署交易文件、落实交易交割到后续整合经营，投资企业主导投资的全过程，对于对外投资的成效具有决定性作用。为减少东道国法律制度对于对外投资的负向影响，中国企业可以从调整投资企业、投资标的（目标公司）、投资方式等方面异质性因素入手，通过制定企业全球发展战略、完善公司治理结构、制订对外投资方案及整合方案、利用保险机制分担投资风险等一系列举措，有效防控对外投资风险，最大限度地提高企业对外投资的成效。

一、投资企业的规划及治理

投资企业通过调整投资战略、所有者性质、组织架构、国际合作经验等方面的异质性，能够有效消解外来者劣势的障碍。优化投资企业的异质性因素，现阶段可以从制定全球发展战略和完善公司治理架构入手。

（一）制定全球发展战略，指引对外投资规划

对外投资不能盲目跟风，不能在无准备的情况下仓促实施。企业

对外投资是企业经营发展的重要一环，取决于企业发展基础和条件，服务于企业整体发展目标，需要置于企业整体发展战略的全局之下，进行系统规划。因此，在实施对外投资之前，企业应当依据自身发展情况和需求，制定全球发展战略，描绘全球发展的蓝图，以此作为制定并实施对外投资规划的指引和依据。

企业发展过程中需要能源、土地、资本、技术、信息、劳动力、经营管理等诸多生产要素和资源，而质优价廉的资源分布在全球各地。例如，能源矿产分布于东南亚、拉丁美洲、非洲、澳大利亚等地，技术、品牌在欧美、日本等发达国家相对集中，东南亚等国的原材料、劳动力成本相对较低，中国、印度等新兴市场对于相关产品和服务具有很大的需求。只有以全球视野进行布局，在战略资源集中的国家进行投资，才能最大限度地节约成本，发挥各种资源的效用，实现企业利益的最大化。因此，当企业发展到一定程度，无法在一国境内获得其发展所需的优质资源时，寻求全球化发展，则成为企业进一步发展壮大的必然之路。

企业的各项对外投资只有在其全球发展战略的统筹之下，才能真正实现协同效应，服务于企业整体发展目标。因此，中国企业在实施对外投资之前，可以依据自身发展的定位及需求，结合各类优质资源的分布情况，制定全球发展战略，对全球范围内投资活动进行整体布局。

（二）完善对外投资企业的公司治理

公司治理状况是决定企业对外直接投资成效的重要因素。特别是在东道国外资审查环节中，外国投资者的公司治理状况是审查机构关注的重点之一。

美国、澳大利亚等国的外资审查制度要求申报者提交的材料中不仅包含交易相关信息，还需包含外国投资者的公司治理、控制权结构等事项，以此判断外国投资者的相关背景、投资动因、是否受控于外国政府、是否有政治意图、是否有潜在安全威胁。以美国为例，在投资者的公司治理方面，CFIUS 重点关注治理结构是否到位、公司信息是否公开透明、是否建立相应的信息披露机制等。在所有制性质方面，东道国外资审查制度并不一味排斥外国政府持股的企业入境投资，只要确信该外国企业经营管理决策独立于该国政府，排除了政府控制的疑虑，即可视作普通企业的正常商业行为被同等对待。事实证明，公司治理相对完善的国有企业，如已在国内外证券交易所上市的国有持股公司，其海外收购项目被审批通过的概率也相对更高。

完善公司治理，在国外还被视作提升公司核心竞争力的重要手段。好的公司治理通过建立公司管理运行机制，实现公司、股东及相关利益方利益最大化，这不仅是公司长远发展的必然要求，也更符合发达国家对外国投资企业文化和治理模式的期待。

中国企业的股权相对集中，组织结构也相对集权化，加之职业经理人制度尚不健全，公司控制权往往掌握在控股股东手中，公司运营决策缺乏相应的独立性，这也是中国企业对外投资时常被诟病的问题。因此，中国对外投资企业有必要完善公司治理，在董事会之下设立各委员会分管战略、审计、合规、人力资源等事务，由董事会及其委员会负责提议、执行，股东大会负责决策，监事会负责监督，通过对公司股东会、董事会、监事会、管理层之间权责利的合理分配和制约，形成公司提议、决策、执行和监督机构各司其职、各负其责、相互制衡、有效运行的现代法人治理结构。特别是国有企业，作为中国对外投资的重要主体，应当进一步深化混合所有制改革，吸引民营企业和外资企业等非公有制企业参与持股，同时在不损害国家安全利益的前提下，通过调整国有股权的股票性质，如将国有股份调整为无表决权的优先股，进一步推进国有控股或参股企业的所有权与经营权相分离，提升国有企业的现代化和独立性，为国有企业对外投资战略顺利推进奠定基础。

二、投资标的的调查、整合及管理

投资企业可以通过提前调查投资标的（目标公司）的情况来克服不熟悉障碍，投资落地后通过有效整合投资标的共建良好的关系网络，从而克服关系障碍，继而通过加强对投资标的合规管理克服合法性障碍。

（一）事先做好法律尽职调查

尽职调查在克服对外投资信息不对称方面的作用毋庸置疑。成功的尽职调查能够充分识别并准确评估投资风险，为后续风险的防范与应对奠定基础。在所有的尽职调查中，法律尽职调查尤为关键，其是确定对外投资合法性的依据，也是判断对外投资能否依法实施的前提。因此，中国企业在实施对外投资之前，应当对东道国的法律制度及目标公司合规状况进行审慎调查，对于可能产生的法律风险充分预估并做好应对预案。对外投资的法律尽职调查通常包含对东道国法律制度的调查以及对目标公司法律事务的调查两大方面。

1. 对东道国法律制度的调查

东道国法律制度是目标公司经营环境的重要方面。从法律角度而言，东道国法律制度调查也是企业对外投资方案制订的先决条件。由于历史渊源、文化背景、地理环境、政治体制的不同，各国法律制度存在明显差异。在不同法系的国家，法律结构、法律形式及司法习惯迥异，即便在同一法系中，不同国家的具体法律制度也不尽相同，有些国家在一国境内的法制也不完全统一。因此，中国企业在对外投资之前需要就东道国尤其是目标公司所在地适用的法律进行详尽调查，不能直接套用国内的法律规定，也不能以一般法律原则想当然地推定。

在东道国的所有法律制度中，外资准入制度、外资审查制度、反垄断法律制度是法律调查的重中之重，也是确定投资决策和收购方案的前提。首先，中国企业需要依东道国外资准入制度，确定投资国别、投资行业及领域，选择符合东道国准入要求且能满足企业发展战略的投资领域及投资对象。其次，应依东道国外资审查制度，预判拟投资的领域或对象是否危及东道国“国家安全”，进而对投资企业、交易架构、收购及整合方案等进行提前规划。最后，依据东道国反垄断法律制度，预判交易双方的营业额规模及市场份额情况是否达到东道国反垄断审查的门槛，进而通过调整收购方式，合理规避反垄断审查。

此外，东道国的环境保护制度、知识产权保护制度、劳工权益保护制度等，关系投资项目落地后能否合规经营，因而也是中国企业需要提前关注的内容。例如，东道国的环境保护法律对中国企业海外收购特别是矿产能源领域的收购至关重要，中国企业须在收购前深入了解东道国的环境保护法律，提前做好环境评估，明确环保责任，了解违法违规后果，并据此在交易文件中合理分配环保责任，以规避相应的环保法律风险。

2. 对目标公司法律事务的调查

一旦初步确定拟收购的目标公司，投资主体有必要委托法律顾问对目标公司的权属关系、资产状况、业务经营、重大合同、合规经营等法律事务进行全面调查。其中，权属关系是法律尽职调查的核心内容，也是对外投资交易架构设计的重要依据；投资企业可以依据目标公司的股权状况确定采取股权收购还是资产收购。有关资产的法律调查包括目标公司资产是否获得相应权属证明、是否设置相应抵押或质押、产权是否有相应的时间限制或行权限制，这些都是确定双方交易价格及交易条件的重要依据。在重大合同方面，投资企业需要确认目标公司已签署的合同中是否存在限制经营、限制收购或限制竞争类条款，是否存在不公平的关联交易行为，是否存在重大赔偿条款等内容。在合规经营方面，投资企业需要确认目标公司在税法、劳动法、环保法等诸多领域的合规状况，并就违规责任及其承担主体在交易文件中明确约定，以防为目标公司此前的违规行为埋单。

（二）制订系统的收购方案及整合方案

系统的收购方案及整合方案，不仅为收购活动及其后续整合安排提供指引，也更易获得目标公司的认可。投资企业可以在了解目标公司的资源优势、发展方向和需求的基础上，结合自身的现有条件、发展战略及目标，尽早制订收购方案及整合方案，向目标公司呈现收购后的发展愿景以及双方优势互补、协同发展的双赢目标，争取在众多竞购者中脱颖而出，也为后期的有序整合做好铺垫。

1. 制订系统的收购方案

收购方案如同收购活动的实施纲领，是否全面、合理、可行，能否最大限度地规避各类风险，直接关系收购的成效。在相关调查完成之后，投资企业需要对东道国及目标公司进行系统分析，并依自身条件、发展需求及收购目标制订收购方案，明确收购主体、收购对象、交易架构、投融资方式等，为收购的顺利实施提供指引。

在收购主体上，需要综合评估自身及目标公司的企业性质、组织结构、主营业务、资产状况以及收购规模、交易架构、融资安排等因素，选择合适的收购主体实施收购。在收购对象上，需要考虑目标公司主营业务及资源与投资企业是否契合匹配，能否通过收购实现协同效应，确定合适的收购对象。以获取资产或技术为目标的收购，还需考虑该技术或产品在产业链中所处的位置及其与上下游产业或环节的关联关系。在收购方式上，需要综合考虑投资企业期望获得目标公司的资源性质，以确定采取资产收购还是股权收购策略。如果决定收购股权，还需依情况进一步确定采取要约收购、协议收购还是二级市场竞价收购的方式实施。在支付及融资方式上，可以综合考虑投资企业流动资金情况、偿债能力、收购规模、资本市场融资条件等选择合适的投融资方式，充分利用国内外资本市场的融资条件获得足够的融资资金，控制企业财务风险。

2. 制订完整的整合方案

收购后整合对于收购成效的重要性不言而喻。收购双方的协同效应并不在收购完成的那一刻自动发生，需要在后续整合过程中逐步实现。整合能否顺利进行某种程度上取决于投资企业是否具有相对完整、系统的整合方案；整合方案不能等到收购完成后再行拟订，需要在收购之初尽早确定。

收购后整合所需的很多关键要素都要在收购谈判时充分商讨并以交易文件的形式确认下来，以便双方为后续整合提供必备资源、共同推进整合进程。其中，人力资源整合至关重要。目标公司高管及员工能否妥善安置关系收购能否顺利实施。尤其是对技术密集型行业而言，在收购之前就需要对核心科研人员的安置留岗问题事先安排，以免处置不当导致收购后核心技术人员离职，重要人力资源流失，形成收购项目“空壳化”的局面。因此，投资企业在制订整合方案时需充分考虑，对不同类别的高管及员工分别作出激励、保留、裁员、分流等综合安排，构建双方员工沟通协作机制，以便实现收购后的有效融合。在业务及资产整合方面，投资企业有必要依据自身的发展需要，结合目标公司业务板块及资产结构，剥离不符合投资企业发展战略或目标、缺乏发展潜力和发展前景、可能带来巨大财务负担的业务，专注于企业的主营业务或目标业务，优化业务及资产结构，实现目标公司的资源优化配置。

（三）加强中国企业海外子公司的合规管理

目标公司成为投资企业的海外子公司后，投资企业需要加强对该海外子公司的管理，尤其是合规管理。完善的合规制度是企业的盾牌，对于对外投资企业而言尤其如此。大多数对外投资失败案例，并非败在对目标公司投资行为本身，而是败在投资项目落地后的经营阶段。其中，很大一部分原因在于海外子公司的合规未过关。

收购项目一旦交割或是投资项目一旦落地，中国企业通常会主导或参与目标公司的经营管理，而目标公司作为依东道国法律设立的项目公司应当遵循东道国一系列法律制度，包括劳工权益法、知识产权法、出口管制法、数据保护法、商业反腐法等。近年来，随着贸易保护主义抬头，欧美等地对于外国投资企业的监管更加严格，中国企业因违反东道国法律制度或是因相关国家长臂管辖原则受到外国政府制裁的案例并不鲜见，企业在支付巨额罚款的同时，国际声誉也受到了很大损害。中国企业有必要引以为戒，特别要强化对海外子公司的合规管理，以防“授人以柄”。

中国政府也对企业海外合规提出了强制要求。2018 年，国家发展和改革委员会、商务部等部门联合发布了《企业境外经营合规管理指引》，要求强化对外投资企业及其海外子公司的合规管理，提升合规管理水平。无论是为了顺应国内的合规新政，还是遵循东道国的合规趋势，中国对外投资企业都应高度重视海外子公司的合规管理。首先，中国企业需要深入了解并研究东道国以及具有管辖权的其他国家有关安全生产、出口管制、数据保护、知识产权、劳工权益、环境保护、商业反腐、反垄断等法律制度，结合自身经营活动及业务流程，梳理企业自身合规要点和漏洞，通过制定《企业合规手册》《企业道德行为准则》《员工手册》，修订企业现有协议范本，更新业务流程，加强员工合规培训等一系列措施加强海外子公司的合规管理。此外，企业还需实时监控合规状态，依据法律变化及业务发展及时更新合规机制，以求合规实效。

三、投资方式的改进及优化

无论是投资协议的签署、专业机构的协助还是对外投资保险，这些投资方式的异质性，对于克服外来者劣势都能发挥重要作用。投资企业应当重视投资协议的谈判与签署，同时借助专业机构的协助，降低不熟悉障碍导致的决策失误，也可以借助对外投资担保的方式，分散对外投资风险。

（一）重视交易文件的签订及履行

经过双方磋商谈判最终确定的交易标的、对价、条件以及交易双方的权利义务、风险分配、责任承担等，都需要以交易文件的形式确定下来，作为双方行使权利、履行义务的基础；一旦双方就权利义务产生纠纷，主要以该交易文件为争议解决的依据。因此，交易文件作为规范收购双方交易行为的关键性法律文件，对于约束双方履行协议、推进收购实施而言具有非常重要的作用。中国企业对外投资需要强化法律风险防范意识和契约精神，充分重视收购交易文件的签订及履行，特别要重点关注并善于应用如下关键条款保障自身权益。

1. 交易条件条款

中国企业作为收购者，如在前期调查时发现目标公司存在瑕疵，而这一瑕疵可以通过目标公司的努力进行排除，就可以将此设置为交易条件，具体包括协议生效条件、付款条件、交割条件等，即只有当目标公司满足协议约定的条件时，交易文件方生效并继续履行。

2. 陈述与保证条款

在投资企业对目标公司尽职调查阶段，目标公司有义务真实、完整、准确披露目标公司的情况，这也是交易条款确定的重要依据。投资企业应当要求目标公司就披露事项作出陈述与保证。一旦陈述不实，投资企业有权要求目标公司降低交易价格、调整交易条件或是终止交易，以防交易风险。

3. 维持现状条款

在交易文件签署日至股权或资产交割日，不排除会发生诸多外部环境或目标公司自身的变化，影响目标公司价值或使交易对方改变交易意愿。中国企业可在交易文件中设置维持现状条款，要求目标公司在正式交割前，保持目标公司正常经营，且不得擅自同第三方洽谈收购，防止其阻碍收购或减少目标公司价值。

4. 赔偿责任条款

中国企业作为收购者应当在交易文件中设置赔偿责任条款，明确约定如目标公司责任导致收购无法完成，投资企业有权解除协议，还可要求目标公司赔偿损失。此外，当目标公司出现轻微违约但不影响收购目标实现时，投资企业有权要求目标公司通过降低收购价格等方式进行补偿。

5. 争议解决条款

与交易相关的争议是对外投资企业面临的最主要的纠纷，因而也是对外投资法律关系中应予关注的重点。为了确保争议的公平公正解决，中国应当选择有利于判决裁决执行的管辖，如新加坡国际仲裁中心；约定适用法制完善、稳定的法域的法律，并在交易文件中明确约定“排除可能导致适用其他法域法律适用的法律冲突原则的适用”。

（二）通过现有保险机制分担对外投资风险

对于对外投资交易风险以及投资项目落地后的经营风险，对外投资企业可以通过前期调查、系统规划尽可能防范风险，也可以通过交易文件在双方之间合理分配风险。对于对外投资可能遇到的东道国政治风险，跨国公司往往利用对外投资保险转嫁风险，并在对外投资保险的申请、理赔过程中积累了丰富的经验。

相比较而言，中国企业利用对外投资保险分散风险的意识相对滞后，无论是通过中国出口信用保险公司（以下简称中国信保）还是世界银行多边投资担保机构（Multilateral Investment Guarantee Agency，MIGA），中国企业取得对外投资保险的案例寥寥无几。2018 年，中国信保对外投资保险承保金额 581.3 亿美元，不足中国企业当年对外投资存量的3%。在 MIGA 成立的三十四年里，中国企业获得 MIGA 担保的对外投资项目仅 15 个，不足 MIGA 承保总数的 2%。这与中国企业对外投资的规模极不匹配。

中国企业对外投资主要集中在能源矿产或是加工制造领域，投资区位主要分布于拉丁美洲、非洲、东南亚等发展中国家。有的东道国法制不够健全，政权不够稳定，外资政策容易变化，国有化或政府征收征用时有发生，在这些国家投资存在一定的政治风险和不确定性。

因此，在上述国家或地区投资的中国企业有必要通过投资保险分担投资风险，积极利用中国信保以及 MIGA 的担保机制，获得对外投资保障。特别是 MIGA 作为世界银行集团成员，不仅拥有雄厚的储备资金、强大的偿付能力，还具有其他担保机构无法比拟的国际地位及良好的国际信誉，能够为投保企业提供更强有力的受偿保障。MIGA 本身以推进发展中国家经济发展为主旨，乐意为各国企业在发展中国家的投资提供担保。自 1988 年成立至今，MIGA 已为全球 800 多个对外投资项目提供 500 多亿美元的担保，为各国投资者在发展中国家的投资提供了有力的保险支持。中国企业如果有意在发展中国家投资，可以深入研究 MIGA 的承保范围、投保条件及程序，学习中外企业获得 MIGA 担保的成功先例，并就投资项目积极申请 MIGA 投资保险，以分担企业对外投资的政治风险。

（三）发挥专业服务机构的保驾护航作用

企业对外直接投资，涉及寻找目标、尽职调查、交易谈判、草拟协议、政府审批及后续整合等多个环节，也面临比本国投资更大的挑战。投资企业仅凭自身力量，很难妥善处理上述诸多事宜，有必要聘请专业服务机构为其对外投资提供专业支持。中国企业可以依据对外投资项目的具体需求及自身条件，在如下环节获得专业机构的协助。

（1）在寻求投资目标阶段，可以委托境内外战略咨询顾问，协助制订对外投资战略规划，明确对外投资的方向和要求，广泛搜寻投资对象，并对潜在投资目标进行初步调查。

（2）在初步接洽阶段，可以委托战略咨询顾问及法律顾问，与潜在的目标公司商讨可能的投资形式，并协助草拟并签订保密协议、投资意向书等法律文件。

（3）在尽职调查阶段，应当委托财务顾问、法律顾问及业务顾问，分别就目标公司的财务、法律、业务状况进行全面详尽的调查，发现并评估此项投资存在的风险，将其作为价值评估、谈判策略、交易文件、整合方案制订的依据。

（4）在收购方案及整合方案的制订阶段，应当委托战略咨询顾问、财务顾问、法律顾问、会计师对投资标的进行合理估值，对企业的对外投资计划进行可行性研究，协助企业设计交易架构、收购方案及整合方案，拟订配套融资方案。

（5）在融资阶段，充分发挥财务顾问、投资顾问的作用，获取专业的投资顾问意见的同时，争取获得其融资支持。有些投资顾问公司本身也是活跃的投资人，对于有发展潜力的投资项目也愿意共同参与投资。

（6）在交易文件的谈判草拟阶段，可以委托法律顾问、财务顾问协助谈判、草拟修订交易文件，在交易文件中争取对投资企业最有利的安排。

（7）在政府审批或目标公司决策阶段，可以委托投资顾问就审批手续及决策程序进行合理规划，委托公关公司协助与利益相关者的交流沟通，努力获得利益相关者及当地舆论对收购的理解与认可，提高政府审批的通过率，树立良好的社会形象，为企业收购后的整合经营打下良好基础。

为了有效发挥外部专业顾问的作用，投资企业应当加强外部顾问的管理，明确外部顾问的职责分工，同时建立内外部工作协调机制，协调企业内部战略投资部、财务部、法务部、公关部等部门与外部顾问联络对接、积极配合、通力合作，推进企业对外投资的顺利实施。

第二节 宏观层面：给政府的政策建议

为消解东道国法律制度的负向影响，保障中国企业对外投资权益，中国政府有必要在国际上进一步完善国际投资规范，同时在国内建立健全一系列对外投资促进及保障制度，包括对外投资保险制度、信息服务制度、财税优惠制度、融资支持制度等，为对外投资的中国企业提供有力支持和保护。

一、国际法方面：签订双边或多边协定保障企业对外投资权益

在东道国法律制度确定的背景下，签订双边投资保护协定（以下简称双边协定）或多边投资保护协定（以下简称多边协定）是母国政府为本国企业争取域外保护最重要的途径，也是母国政府帮助本国企业抵御东道国法律制度不利影响最直接、最有效的方式。尤其是双边协定能够在东道国法律制度框定的范围之外，为投资企业争取更优的待遇和更多的保护（余鹏翼等，2019；袁保生等，2020）。

自改革开放以来，中国积极推进双边协定的签署。截至 2019 年 9 月，中国已与 145 个国家签订了双边协定，为国内企业对外投资权益保护奠定了良好的国际规范基础。然而，中国现已签订的双边协定中有很多由于签订时间较早，条款过于宽泛，很多对外投资权益保护条款都没有得到相应体现。在过去数十年中，中国逐渐从资本输入国发展成为资本输入及输出大国，身份定位发生了很大变化，对于双边协定的条款设置要求也随之改变，有必要及时调整修订。

除此之外，中国应积极参与多边协定的履行及制定，对于已经签订的多边协定，通过提供资金支持、人员培训、修订法律法规等方式推进其有效实施，为企业投资权益受损时获取救济提供国际法律制度依据。对于拟谈判并签署的多边协定，作为在国际社会中举足轻重的发展中大国，中国应当积极主动地参与其谈判及规则制定过程，从谈判启动之时就力争掌握主导权，参与设计和制定多边协定的框架，使最终签署的多边协定内容真正反映中国及中国投资者的利益。

因此，为进一步完善中国对外投资相关的国际法律规范，中国应积极推进与各国签订或修订双边协定，通过谈判形成双边协定的中国范本，明确有关国民待遇和最惠国待遇、投资安全、政府征收及补偿、资本撤出及利润汇回、避免双重征税以及争端解决机制等问题，维护中国企业在东道国的投资权益。具体而言，确立双边协定的中国范本，应明确如下重要条款。

（一）保护与安全条款

可以在双边协定中约定，各缔约方在其领土内给予对方投资者投资相关活动及人员以充分的保护与安全，并明确“充分保护与安全”的具体标准、要求和范围：标准可依不同缔约国情况选择国民待遇标准、最惠国待遇标准或公平公正待遇标准；要求可以表述为“缔约另一方应当采取一切合理和必要政策措施和行动”；保护范围包括缔约方及其投资者相关资产安全及人员安全、缔约方投资者投资活动及合法权益等。

（二）保护伞条款

所谓保护伞条款，是指东道国在双边协定中承诺履行其对缔约另一方投资者所作的特定承诺，以便将东道国对缔约国投资者或其投资的义务置于双边协定的“保护伞”之下。目前，在中国与 145 个国家签订的双边协定中只有极少数包含了保护伞条款，且表述各有差异。因此，在中国拟修订或新签的双边协定中可以设置保护伞条款并明确规定其适用范围，以加强对投资企业的保护。

（三）代位求偿权条款

与对外投资保险制度相配合，在双边协定中明确赋予承保机构代位求偿权，约定当承保机构对投资者承保范围内的投资损失给予赔偿后，承保机构或中国政府具备代替投资者向东道国索赔的权利。关于代位求偿权的行使主体，可以赋予官方承保机构，以便其在承保审批过程中预见或有风险并迅速应对，而且官方机构的身份也有利于代替私人投资者向东道国政府行使求偿权。

（四）争议解决条款

可以约定针对缔约一方投资者与缔约对方（东道国）之间的争端，首先应尽可能协商解决，如果在一定时间（如半年）内未能协商解决，则依任一缔约方要求，可将争端提交国际投资争端解决中心（ICSID）或双方同意的任何国际仲裁机构仲裁。提交仲裁的主体可以是投资者或其在东道国设立或控制的企业法人。提交仲裁的争议不限于有关征收和国有化补偿额的争端，也可以包括投资者与东道国之间的任何争端。至于“用尽东道国救济”规则，可以依据东道国的不同而有所差异。此外，还应在争端解决条款中排除最惠国待遇条款的适用，以防止对中国投资者不利的扩张解释。

二、国内法方面：建立健全对外投资促进与保障法律制度

在国内法方面，为了帮助企业抵御东道国法律制度的负面影响，中国政府可以制定并完善一系列对外投资促进与保障法律制度，包括税收支持、投资保险、信息服务、融资支持制度等，构建中国对外投

资法律体系，为中国企业对外直接投资活动提供法制支撑和坚强后盾。

（一）构建中国对外投资法律体系

目前，中国尚无一部正式、完整、系统的法律用以规范中国企业的对外投资活动。现行对外投资立法侧重对外投资的监管审批以及外汇管制、国资监管等方面，而有关对外投资保护的法律规定相对较少，仅散见于国家发展和改革委员会、商务部等部门规章中，缺乏体系化，法律位阶也不高，严重滞后于中国对外投资实践。随着中国国际化发展的深入推进，资本输出规模日益增大，中国政府有必要尽快构建中国对外投资法律体系，为企业对外投资活动提供强有力的法律支撑。

首先，应当尽快制定“对外投资法”，以鼓励和保障中国企业对外投资活动为立法宗旨，确立中国对外投资法制的基本原则与方向，引导、规范中国企业对外投资行为，保护中国企业对外投资合法权益，以此为对外投资基本法律制度，统领中国对外投资法律体系。

在此基础上，进一步制定并完善有关促进、管理、保障国内企业对外投资的一系列法律制度，构建完整的对外投资法律体系。具体而言，在对外投资审查制度方面，进一步简化对外投资审批流程及条件要求，仅就战略领域投资项目、特大或重大投资项目、关键行业或关键技术投资项目、国有经济主体的非主业投资项目等进行审查，其他对外投资项目适用备案制，减少母国审查和监管风险。在对外投资外汇管理制度方面，在保证相应外汇储备的基础上，逐渐放宽对企业对外投资的外汇管制，保证企业对外投资的合理资金需求，促进对外投资的自由化和便利化。在对外投资保护及促进制度方面，逐渐建立健全对外投资保险制度、信息服务制度、税收优惠制度以及融资支持制度等，确保各制度之间有效衔接、系统配套、形成合力，为中国企业对外投资提供全方位的法律支撑。

（二）完善中国企业对外投资税收优惠制度

税收优惠是支持企业对外投资最直接的手段之一。中国政府可以考虑通过完善现有税法中有关对外投资企业的税收优惠制度，或者单独制定“对外投资企业税收管理办法”，将对外投资税收优惠政策通过法律的形式确定下来，切实保障对外投资企业的投资收益。具体而言，对外投资税收优惠制度可以包含以下几个方面。

（1）特定投资适用税收减免。对于国家鼓励的对外投资领域或地区，准予投资企业在一定时间内免缴增值税；对于投资海外资源后运回国内的矿产资源、自然资源或是对外投资带动的原材料、设备或中间产品出口减免关税。

（2）引入税收抵免制度。为避免双重征税，允许对外投资企业从其应纳税额中扣除投资东道国已经征收的税费，对于发展中国家为吸引外资而减免的税费也可以在其应纳税额中扣除。

（3）探索延迟纳税制度。允许对外投资企业延迟缴纳境外子公司的所得税，待对外投资所得利润汇回国内时再征收相应税费，这相当于在延迟纳税期间为对外投资企业提供无息贷款，以此鼓励企业对外再投资。

（4）建立对外投资储备金制度或亏损结转制度。中国企业对外投资未必都一帆风顺，难免遇到阶段性亏损情况。为缓解对外投资因亏损带来的压力，可以建立储备金制度，允许对外投资企业将投资总额的相应比例存作储备金，并在应纳税额中扣除该储备金，以便企业对外投资受损时从准备金中获得补偿；适用亏损结转制度，允许出现经营亏损的对外投资企业将相应亏损抵销此前若干年的利润或此后若干年收入的税负，以减轻对外投资企业的负担。

（三）构建中国对外投资保险制度体系

面对东道国制度带来的外来者劣势，企业对外投资风险在所难免，企业有必要通过适当的保险安排合法转嫁风险从而获得保障。由于全球绝大多数国家不接受境外商业保险机构承保其国内的投资风险，对外投资企业只能依据各国特定的对外投资保险制度或依《多边投资担保机构公约》（《汉城公约》）申请对外投资保险。中国对外投资保险制度尚无专门的立法。中国信保作为国家指定的对外投资保险承保机构，其发布的业务指南内容过于笼统，尚未形成正式的对外投资保险法律制度。中国信保承保的保险范围也非常有限，尚未发挥保护国内企业对外投资的应有作用（王国军和王德宝，2016）。为此，建议从以下两个方面构建中国企业对外投资保险制度体系。

（1）制定中国对外投资保险法律制度。现阶段，可以考虑先由国务院出台“对外投资保险管理条例”，待时机成熟时再制定“对外投资保险法”或在“对外投资法”的特定章节中明确规定中国对外投资保险法律制度。在保险制度的内容上，明确对外投资保险制度是一种以国家财政为后盾、由国家保险政治风险的官方保险制度，在此基础上进一步确立对外投资各项保险制度，明确对外投资保险的保险人、被保险人、合格投资、保险范围、保险期限、保险金额、保险费用及理赔程序等，为中国企业对外投资面临的政治风险提供保障。

（2）鼓励中国对外投资企业充分利用 MIGA 担保制度。MIGA 公约是当前有关国际投资保险最重要的公约，据此成立的 MIGA 是目前最有影响力的国际性担保组织。截至 2018 年财年，MIGA 共为全球 111 个国家的 845 个对外投资项目提供担保，总承保额已达 500 亿美元。然而，截至 2021 年 2 月，仅有 9 家中国企业就 15 个对外投资项目累计获得 MIGA 提供的 38 亿美元担保。与中国对外资本输出规模及中国企业对外投资数量相比，中国企业通过 MIGA 获取对外投资保险的项目还非常有限。为此，我们可以提高中国企业对外投资风险防范意识及保险意识，宣传 MIGA 的保险机制，积极推进国内保险机构与 MIGA 就对外投资项目以共保、分保的形式开展合作，促进中国对外投资企业积极利用 MIGA 保险获得投资保障。

（四）完善中国企业对外投资信息服务体系

对外投资信息服务对于帮助投资企业减少信息不对称导致的风险，消解在东道国的不熟悉障碍，具有不可替代的重要价值。近年来，中国政府在推进对外投资信息服务方面做了大量工作[1]，但总体而言，其发布的信息中有关东道国法律制度的介绍过于宽泛，或多年未更新，已严重滞后于投资企业的信息需求。中国政府可以整合政府监管部门、第三方咨询公司等多种资源，通过以下举措构建全面、长效、动态的对外投资信息服务体系，为中国企业对外投资提供全方位的信息支撑。

（1）设立对外投资促进机构，并在全球各主要地区和国家广泛设置网点，收集对外投资信息及资讯，组织投资访问团赴东道国考察投资机会，组织投资项目洽谈会，为中国企业对外投资项目牵线搭桥。

（2）建立对外投资信息网络，集合国内相关主管部门、中国驻外使领馆、对外投资促进机构、国际行业协会等多方面力量，为中国企业提供有关东道国的宏观经济、产业政策、市场环境、外商投资法律等信息。

（3）充分发挥专业服务机构的作用，鼓励市场主体积极参与对外投资信息服务，发挥市场主体在提供对外投资信息收集、投资环境评估、对外投资咨询及调查等方面的作用。

---

[1] 例如，商务部每年发布的《对外投资合作国别（地区）指南》，从东道国基本情况、经济环境、政策法规、投资机遇和投资风险等方面介绍了各国有关外商投资的基本信息。商务部、国家发展和改革委、外交部联合发布的《对外投资国别产业指引（2011 版）》，介绍了百余个国家的主要产业发展信息，为中国企业对外投资提供了重要参考。中国信保每年发布的《国家风险分析报告》对于东道国国家风险也作了较为全面的介绍。中国社会科学院世界经济与政治研究所国家风险评级课题组也在《2013 年中国海外投资国家风险评级报告》中构建了较为全面的东道国风险评价指标体系；该研究所自 2015 年起发布年度《中国海外投资国家风险评级报告》，从中国企业和主权财富的对外投资视角，尝试量化评估中国企业对外投资面临的主要风险。

（4）完善对外投资环境风险评估体系，对于东道国现行政治、经济、法律、社会环境进行综合评估分析，特别是东道国的外资准入制度、外资审批制度、外资经营管理制度等，对中国企业到该国投资可能面临的法律风险进行系统评估。

（5）完善对外直接投资统计及分析机制，在全面翔实地统计对外投资数据的基础上，总结对外投资经验，展望对外投资发展趋势，为拟实施对外投资的中国企业提供参考。

（五）加强中国企业对外投资融资支持力度

融资难是制约中国企业对外投资的重要因素之一。由于国内资本市场起步较晚，通过发行股票、债券等方式获得对外投资资金具有较大难度，中国企业对外投资的支付方式或融资渠道相对单一，以企业自有资金为主，辅以国有银行提供的投资贷款，这种投融资模式不仅增加了企业的财务压力，在某些东道国外资审查环节也会面临更大的阻力。相对而言，发达国家对外投资企业充分利用本国或国际资本市场的融资便利，通过融资贷款、股票置换、发行股票或融资债券等多种方式获取资金支持，已成为其对外投资通用的融资方式。

因此，中国政府可以加大对外投资金融服务和融资支持力度，帮助对外投资企业利用国内外金融机构以及国际资本市场获得投资所需的融资支持，拓宽国内外融资渠道，有效利用国内外资本助力对外投资。具体措施如下。

（1）鼓励国内企业通过国内外资本市场筹措资金，如向国内银行、国际银团或是东道国银行借款，获得投资项目所需的资金支持。

（2）引导国内银行向对外投资企业提供优惠利率贷款，允许国内银行对于符合条件的对外投资企业提供贷款担保。

（3）设立专门的政策性对外投资银行或是对外投资特别基金，由对外投资银行为企业对外投资提供政策性低息贷款或对外投资担保，由特别基金资助特定对外投资项目，如对东道国重要战略资源、重大高新技术或基建项目的投资。

（4）鼓励国内金融机构为企业对外投资项目提供咨询及融资服务，甚至直接参与国际战略投资，推进银企联合或战略合作，为企业对外投资提供咨询建议及资金支持。

（5）鼓励政策性金融机构向中小企业提供特别贷款，或是由政府资助设立中小企业投资公司，为投资较高风险、高成长性领域的中小企业提供专门的资金支持，以促进中小企业对发展中国家的投资。

本 章 小 结

在东道国法律制度相对确定的背景下，通过调整企业异质性因素从而调节东道国法律制度的影响效应，成为对外投资企业防范东道国法律风险、提高对外直接投资成效的首要选择。此外，企业对外直接投资活动的顺利实施，也离不开母国法律制度及政策的支持以及母国政府在完善相关国际法方面的努力。

本章首先从投资企业、投资标的和投资方式三个方面提出了一系列优化中国对外投资企业异质性因素的建议，以期达到降低东道国法律制度消极影响，强化其积极影响、提高对外直接投资成效的目的。在此基础上，本章进一步建议中国政府构建对外投资促进和保障制度、完善投资保护国际规范，以便为中国企业对外直接投资提供有力支持与保障。

结　语

一、研究结论

进入21世纪，中国对外直接投资发展迅猛，成效卓著，但也面临对外投资高失败率、低绩效率的困境。究其原因，很大一部分在于中国企业法律意识淡薄，特别是对东道国法律制度的重视不足。

为此，本书针对上述问题，通过典型案例剖析东道国法律制度对中国企业OFDI成效的影响机理，认识到东道国法律制度在不同阶段对中国企业OFDI成效的正向、负向影响以及企业异质性因素在此过程中的调节作用，继而从投资进入及投资落地后经营两个阶段，通过构建理论模型对东道国法律制度对中国企业OFDI的影响进行实证分析，并对所得结论进行稳健性检验，进而提出相关对策建议。本书的主要研究结论如下。

首先，在中国企业对外直接投资的不同阶段，适用的东道国法律制度也有所区别。在投资进入阶段，此时中国企业作为拟进入东道国的外国企业，适用的东道国法律制度主要包括东道国的外资准入制度、国家安全审查制度、反垄断审查制度。在投资落地后经营阶段，中国企业已成功进入东道国，其投资的企业是依东道国法律设立的商业主体，这一阶段通常适用东道国境内影响企业生产经营的所有相关法律制度，包括劳工权益法、环境保护法、知识产权法、数据保护法、出口管制法等。

其次，在相同的东道国法律制度背景下，不同中国企业的投资成效不尽相同。东道国法律制度并不独立发挥影响效应，而是作用于不同企业进而产生不同的影响。换言之，东道国法律制度对特定企业对外投资成效的影响程度还受到投资企业、投资标的、投资方式等多种异质性因素的调节，具体包括投资主体的所有制性质、投资动因，目标公司所涉行业及领域、资产分布地区、市场占有率，以及具体投资方式包括交易架构、融资方式、整合方案等。

再次，东道国法律制度在投资进入及投资落地后经营两个阶段，对中国企业 OFDI 成效呈现不同的影响效果。在投资进入阶段，受外来者劣势（制度距离）的影响，东道国法律制度越健全，意味着对外资进入的限制越多，中国企业进入该国投资的成功率反而越低。在投资落地后经营阶段，东道国法律制度质量带来的正向效应同样适用于中国企业；东道国法律制度越健全，意味着东道国经济秩序越稳定，中国企业在该国投资的绩效也越高。

最后，东道国法律制度对特定企业特定投资项目的影响，受到投资企业、投资标的、投资方式等异质性因素的调节。投资企业的所有权性质、投资标的所在的行业或领域、投资方式涉及的控股或参股投资等，这些异质性因素均会对东道国法律制度对中国企业投资成效的影响发挥调节作用。具体而言，当东道国法律制度起到负向效应时，企业异质性因素可以克服、消解这一负向效应；当东道国法律制度起到正向效应时，企业异质性因素可以促进这一效应的有效发挥。

依据以上结论，本书进一步提出对策建议：投资企业可以调整相关异质性因素，遵循东道国法律制度，防控对外投资的法律风险；母国政府也可以通过签订双边及多边投资保护协定，制定对外投资保障制度，为对外投资企业提供保障与支持，从而减轻或削弱东道国法律制度对企业 OFDI 的负向影响，提高企业投资成效。

二、有待进一步研究的问题

首先，尽管绿地投资与跨境收购是中国企业 OFDI 的两大主要方式，但本书实证分析部分主要以跨境收购数据为样本，原因在于各企业绿地投资的数据很难从公开渠道获得。尽管绿地投资受东道国法律制度的影响，与跨境收购第二阶段高度相似，但在跨境收购第一阶段，二者还有很大的区别。待企业信息逐步公开后，可以进一步补充研究。

其次，在中美贸易摩擦的大背景下，除加强出口管制之外，美国还出台了一系列限制外商投资的法律，其中包括《外国投资风险审查现代化法案》及其实施细则，将 27 个行业及 14 类新兴技术扩充为 CFIUS 的重点审查范围。与此同时，华为、中兴被借故制裁等事件将给中国企业在美投资带来阻力。欧盟成员国、英国、日本等也于近两年相继出台或完善外资审查制度（邢政君和陈波，2019；邢政君和程慧，2022）。以发达国家为主的东道国外商投资法律制度趋严，将对中国企业对外投资（特别是以获取核心技术为动因的投资）造成何种影响，中美关系是否会有所缓和进而减轻中国企业对外投资的制度压力，有待进一步研究。

最后，受新冠疫情的影响，全球对外直接投资流量大幅下降。为应对疫情，诸多国家也临时调整外商投资法律制度或政策，而这些法律制度或政策的实施效力、施行时间及其对全球对外直接投资的影响存在很大的不确定性。为真实反映东道国法律制度对中国企业 OFDI 影响的规律和特点，本书剔除了受疫情影响不具代表性的样本，仅选取新冠疫情发生前的数据作为实证研究的依据，在此基础上得出的研究结论也仅能反映疫情发生前的状况。历时近三年的新冠疫情席卷全球，对世界经济、国际投资都造成了巨大冲击。后疫情时代，全球经济格局以及对外直接投资态势必呈现新的趋势及特征，而东道国法律制度又将发生何种改变，其对中国企业 OFDI 将产生何种影响，中国企业又该如何应对，有待进一步研究和探讨。

三、研究展望

后疫情时代，随着全球经济逐渐复苏，国际对外直接投资在经历低谷后也将迎来新的发展。对外直接投资作为推进生产要素国际流动的主要方式之一，将促进全球经济资源的重新配置，各国通过对外投资获取资源的竞争也将加剧。面对这样的局面，各国将继续实施外资管制政策，还是会打破壁垒、携手合作，共创开放型经济，共促全球经济复苏，还有待进一步观察。

目前，中国对外直接投资存量位列全球第三，对外直接投资流量也稳居全球前五位，近年来引起欧美发达国家以及部分发展中国家的高度关注。个别东道国针对中国企业投资的审查趋严、趋紧的现状，未必会因疫情结束而有所改变。对此，中国企业需给予充分关注，在实施对外直接投资之前需准备应对预案，尽可能提高对外直接投资的成功率。

就东道国法律制度的影响而言，尤其是东道国有关外商投资的法律制度，其本质上是东道国对外开放政策法制化的具体体现，因而将随着东道国对外开放政策的转变而调整。随着中国“一带一路”倡议向纵深推进以及中国对外直接投资的多元化发展，及时追踪东道国相关法律制度的新发展，研究其对中国企业投资成效的新影响，对中国对外直接投资的顺利推进具有重要的现实意义。

参考文献

[1] Alcantara L. L. & Hoshino Y, *Modes of Acquiring Host – Country Experience and Performance of International Joint Ventures in Japan*, Asian Business & Management, Vol. 11: 2, p. 123 – 148 (2012).

[2] Asmussen C. G. & Goerzen A, *Unpacking Dimensions of Foreignness: Firm – Specific Capabilities and International Dispersion in Regional, Cultural, and Institutional Space*, Global Strategy Journal, Vol. 3: 2, p. 127 – 149 (2013).

[3] Baik et al. , *The Liability of Foreignness in International Equity Investments: Evidence From the US Stock Market*, Journal of Lnternational Business Studies, Vol. 44: 4, p. 391 – 411 (2013).

[4] Barnard H, *Overcoming the Liability of Foreignness Without Strong firm Capabilities – the Value of Market – Based Resources*, Journal of International Management, Vol. 16: 2, p. 165 – 176 (2010).

[5] Berry H, *Knowledge Inheritance in Global Industries: The Impact of Parent firm Knowledge on the Performance of Foreign Subsidiaries*, The Academy of

Management Journal, Vol. 58: 5, p. 1438 - 1458 (2015).

[6] Berry et al. , *An Institutional Approach to Cross - National Distance*, Journal of International Business Studies, Vol. 41: 9, p. 1460 - 1480 (2010).

[7] Bhanji Z. & Oxley J. E, *Overcoming the Dual Liability of Foreignness and Privateness in International Corporate Citizenship Partnerships*, Journal of International Business Studies, Vol. 44: 4, p. 290 - 311 (2013).

[8] Blyde J. & Molina D, *Logistic Infrastructure and the International Location of Fragmented Production*, Journal of International Economics, Vol. 95: 2, p. 319 - 332 (2015).

[9] Buckleyet al. , T*he Determinants of Chinese Outward Foreign Direct Investment*, International Business Studies, Vol. 12: 4, p. 353 - 354 (2007).

[10] Buckley P. J. & Casson M. C, *Analyzing Foreign Market Entry Strategies Extending the Internalization Approach*, Journal of International Business Studies, Vol. 29: 3, p. 539 - 561 (1998).

[11] Chelariu et al. , *Legitimacy Building Strategies in Conditions of Discretionary Legal Enforcement: A Logic of Social Action Approach*, Industrial Marketing Management, Vol. 43: 5, p. 850 - 861 (2014).

[12] Cuervo - Cazurra A. & Genc M, T*ransforming Disadvantages into Advantages: Developing - Country MNEs in the least Developed Countries*, Journal of International Business Studies, Vol. 39: 6, p. 957 - 979 (2008).

[13] Cui, L. , & Jiang, F, *State Ownership Effect on firms' FDI Ownership Decisions Under Institutional Pressure: A Study of*

Chinese Outward – Investing Firms, Journal of International Business Studies, Vol. 43: 3, p. 264 – 284 (2012).

[14] Denk et al., *Liabilities of Foreignness Revisited: A Review of Contemporary Studies and Recommendations for Future Research*, Journal of International Management, Vol. 18: 4, p. 322 – 334 (2012).

[15] Dunning J. H., *Explaining International Production*, London: Unwin Hyman Ltd., p. 78 – 79 (1998).

[16] Dunning J. H., *Explaining the International Direct Investment Position of Countries: Towards A Dynamic or Developmental Approach*, Review of World Economics, Vol. 117, p. 30 – 64 (1981).

[17] Dunning J. H., *International Production and the Multinational Enterprise*, 75 London: George Allen & Unwin (1981).

[18] Elango B., *Minimizing Effects of Liability of Foreignness Response Strategies of Foreign Firms in the United States*, Journal of World Business, Vol. 44: 1, p. 51 – 62 (2009).

[19] Ghosh et al., *Impact of FDI Restrictions on Inward FDI in OECD Countries*, Global Economy Journal, Vol. 12: 3, p. 1 – 26 (2012).

[20] Harding T. & Javorcik B. S, *Roll Out the Red Carpet and They Will Come: Investment Promotion and FDI Inflows*, Economic Journal, Vol. 121: 557, p. 1445 – 1476 (2011).

[21] Holburn G. L. F. & Zelner B. A, *Political Capabilities, Policy Risk, and International Investment Strategy: Evidence From the Global Electric Power Generation Industry*, Strategic Management Journal, Vol. 31: 12, p. 1290 – 1315 (2010).

[22] Holger et al., *FDI Liberalization, Firm Heterogeneity and Foreign Ownership: German Firm Decisions in Reforming India*, Journal of

Development Studies, Vol. 46: 8, p. 1367 – 1384 (2010).

[23] Hong et al. , *Outbound Foreign Direct Investment (FDI) Motivation and Domestic Employment by Multinational Enterprises (MNEs)*, Journal of International Management, Vol. 25: 2, p. 100 - 657 (2019).

[24] Husted et al. , *Effects of Local Legitimacy on Certification Decisions to Global and National CSR Standards by Multinational Subsidiaries and Domestic Firms*, Journal of International Business Studies, Vol. 47: 3, p. 382 – 397 (2016).

[25] Jiang et al. , *Early Internationalization and the role of Immigration in new Venture Survival*, International Business Review, Vol. 25: 6, p. 1285 – 1296 (2016).

[26] Johanson J. & Vahlne J. E, *The Uppsala Internationalization Process Model Revisited: From Liability of Foreignness to Liability of Outsidership*, Journal of International Business Studies, Vol. 40: 9, p. 1411 – 1431 (2009).

[27] Klossek et al. , *Chinese Enterprises in Germany: Establishment Modes and Strategies to Mitigate the Liability of Foreignness*, Journal of World Business, Vol. 47: 1, p. 35 – 44 (2012).

[28] Kolstad I. & Wiig A, *What Determines Chinese Outward FDI?*, Journal of World Business, Vol. 47: 1, p. 26 – 34 (2012).

[29] Kostovaet al. , *Institutional Theory in the Study of Multinational Corporations: A Critique and new Directions*, Academy of Management Review, Vol. 33: 4, p. 994 – 1006 (2008).

[30] Lee et al. , *Inward Foreign Direct investment and Domestic Entrepreneurship: A Regional Analysis of New Firm Creation in Korea*, Regional Studies, Vol. 48: 5, p. 910 – 922 (2014).

[31] Lee et al. , *The Effect of Non – Conventional Outbound Foreign Direct Investment (FDI) on the Domestic Employment of Multinational Enterprises (MNEs)*, International Business Review, Vol. 29: 3, p. 101 – 671 (2020).

[32] Leotta L, *An Analysis of Chinese Multinationals' Use of Tax Havens*, Dissertation In Business School, University of Nottingham (2012).

[33] Mallon M. R. & Fainshmidt S, *Assets of Foreignness: A Theoretical Integration and Agenda for Future Research*, Journal of International Management, Vol. 23: 1, p. 43 – 55 (2017).

[34] Mariotti et al. , *Local Externalities and Ownership Choices in Foreign Acquisitions by Multinational Enterprises*, Economic Geography, Vol. 90: 2, p. 187 – 211 (2014).

[35] Meyer K. E, *Institutions Transaction Costs, and Entry Mode Choice in Eastern Europe*, Journal of International Business Studies, Vol. 32, p. 357 – 367 (2001).

[36] Miller S. R. & Eden L, *Local Density and Foreign Subsidiary Performance*, Academy of Management Journal, Vol. 49: 2, p. 341 – 355 (2006).

[37] Morck et al. , *Perspective on China's Outward Foreign Direct Investment*, Journal of International Business Studies, Vol. 39: 3, p. 337 – 350 (2009).

[38] Petersen B. & Perdersen T, *Coping With Liability of Foreignness: Different Learning Engagements of Entrant Firms*, Journal of International Management, Vol. 8: 3, p. 339 – 350 (2002).

[39] Sakakibara M. & Yamawaki H, *What Determines the Profitability of Foreign Direct Investment? A Subsidiary Level Analysis of Japanese*

Multinationals, Managerial and Decision Economics, Vol. 29: 2, p. 277 - 292 (2008).

[40] Vahlne J. E. & Johanson J, *The Uppsala Model on Evolution of the Multinational Business Enterprise - From Internationalization to Coordination of Networks*, International Marketing Review, Vol. 30: 3, p. 189 - 210 (2013).

[41] Wang et al., *What Drives Outward FDI of Chinese Firms? Testing the Explanatory Power of Three Theoretical Frameworks*, International Business Review, Vol. 21: 3, p. 425 - 438 (2012).

[42] Wang et al., *Foreign Direct Investment Under a Weak rule of law*, The Economics of Transition, Vol. 20: 3, p. 401 - 424 (2012).

[43] Wu et al., *Renewable Energy Investment Risk Assessment for Nations Along China's Belt & Road Initiative: An ANP - Cloud Model Method*, Energy, Vol. 190, p. 116 - 381 (2020).

[44] Wu W. Y. & Lin C. Y, *Experience, Environment, and Subsidiary Performance in High - Tech MNEs*, Journal of Business Research, Vol. 63: 12, p. 1301 - 1309 (2010).

[45] Yang, S., Chen, K. & Huang, T., *Outward Foreign Direct Investment and Technical Efficiency: Evidence From Taiwan's Manufacturing Firms*, Journal of Asian Economics, Vol. 27, p. 7 - 17 (2013).

[46] Yu J. & Kim S. S, *Understanding Liability of Foreignness in an Asian Business Context: A Study of the Korean Asset Management Industry*, Asia Pacific Journal of Management, Vol. 30: 4, p. 1191 - 1217 (2013).

[47] Zaheer S, *Overcoming the Liability of Foreignness*, Academy of Management Journal, Vol. 38: 2, p. 341 - 363 (1995).

[48] Zaheer S & Mosakowski E, *The Dynamics of the Liability of Foreignness: A Global Study of Survival in Financial Services*, Strategic Management Journal, Vol. 18: 6, p. 439 – 463 (1997).

[49] 蔡灵莎等:《外来者劣势、组织学习与对外直接投资绩效研究》,载《管理科学》2015 年第 4 期。

[50] 陈忱、陈涛涛:《经验积累与企业对外直接投资的动态反馈——来自中国矿业企业的实证检验》,载《经济经纬》2020 年第 2 期。

[51] 陈景华:《企业异质性、全要素生产率与服务业对外直接投资——基于服务业行业和企业数据的实证检验》,载《国际贸易问题》2014 年第 7 期。

[52] 陈升:《东道国清廉水平对中国对外直接投资的影响——基于"一带一路"沿线 54 个国家的实证研究》,载《经济问题探索》2020 年第 10 期。

[53] 陈升、张俊龙:《东道国制度水平对我国对外直接投资的影响——综合运用全球治理指标和"一带一路"沿线国家数据的实证》,载《产经评论》2019 年第 3 期。

[54] 陈宇田、陈峰:《列入美国技术出口管制部门受限名单的企事业单位分析》,载《情报杂志》2018 年第 10 期。

[55] 陈兆源等:《中国不同所有制企业对外直接投资的区位选择——一种交易成本的视角》,载《世界经济与政治》2018 年第 6 期。

[56] 褚晓等:《中国对外直接投资效率测度及影响因素研究》,载《财政科学》2022 年第 9 期。

[57] 崔远淼、沈璐敏:《出口经验能助推对外直接投资吗?——基于中国与"一带一路"沿线国家宏观数据的实证研究》,载《国际商务研究》2020 年第 3 期。

[58] 邓富华等:《"一带一路"沿线国家外资政策协调对中国对外直

接投资的影响——基于双边、多边政策协调的分析视角》，载《经济与管理研究》2019 年第 12 期。

[59] 董芳、王林彬：《双边投资协定、区域贸易协定投资条款是否提升了我国 OFDI 成效——基于投资协定法律化水平视角》，载《国际经贸探索》2021 年第 8 期。

[60] 董莉军、谢家国：《中国企业跨国并购成败的影响因素》，载《经济纵横》2014 年第 1 期。

[61] 杜晓君等：《东道国政治风险对企业对外直接投资绩效的影响——基于企业风险管理能力与东道国自由裁量权的联合调节效应》，载《技术经济》2022 年第 3 期。

[62] 房裕、田泽：《美国外资安全审查新动向、影响及应对策略研究》，载《理论探讨》2020 年第 6 期。

[63] 高菠阳等：《企业异质性与中国对外直接投资——基于中国微观企业数据的研究》，载《经济地理》2019 年第 10 期。

[64] 葛璐澜等：《中国对外直接投资的区位选择——基于东道国特征的视角》，载《浙江学刊》2020 年第 4 期。

[65] 葛璐澜、金洪飞：《“一带一路”沿线国家制度环境对中国企业海外并购区位选择的影响研究》，载《世界经济研究》2020 年第 3 期。

[66] 郭卫军、黄繁华：《东道国外商投资壁垒与中国对外直接投资》，载《世界经济研究》2020 年第 5 期。

[67] 何俊勇等：《东道国金融开放度、制度质量与中国对外直接投资：“一带一路”沿线国家的证据》，载《国际金融研究》2021 年第 10 期。

[68] 洪联英等：《全球政策不确定性、组织控制与民营企业海外投资安全》，载《世界经济研究》2022 年第 9 期。

[69] 黄奇：《加拿大外资准入安全审查及中国对其投资的法律问题研

究》，载《法制博览》2017 年第 29 期。
[70] 黄远浙等：《跨国投资与创新绩效——基于对外投资广度和深度视角的分析》，载《经济研究》2021 年第 1 期。
[71] 冀相豹：《中国对外直接投资影响因素分析——基于制度的视角》，载《国际贸易问题》2014 年第 9 期。
[72] 蒋冠宏：《企业异质性和对外直接投资——基于中国企业的检验证据》，载《金融研究》2015 年第 12 期。
[73] 蒋冠宏：《制度差异、文化距离与中国企业对外直接投资风险》，载《世界经济研究》2015 年第 8 期。
[74] 蒋冠宏、蒋殿春：《绿地投资还是跨国并购：中国企业对外直接投资方式的选择》，载《世界经济》2017 年第 7 期。
[75] 蒋冠宏、曾靓：《融资约束与中国企业对外直接投资模式：跨国并购还是绿地投资》，载《财贸经济》2020 年第 2 期。
[76] 姜广省、李维安：《政府干预是如何影响企业对外直接投资的？——基于制度理论视角的研究》，载《财经研究》2016 年第 3 期。
[77] 金中坤、潘镇：《生产率异质性、东道国因素与企业海外投资区位选择》，载《中国流通经济》2019 年第 9 期。
[78] 寇蔻、李莉文：《德国的外资安全审查与中企在德并购面临的新挑战》，载《国际论坛》2019 年第 6 期。
[79] 李加林、张元钊：《新形势下中国企业对外投资风险与管控措施》，载《亚太经济》2019 年第 4 期。
[80] 李军：《国际视角下外资安全审查制度 3.0 版的新发展及其因应》，载《国际贸易》2022 年第 11 期。
[81] 李可爱：《“一带一路”沿线国家制度质量对中国 OFDI 的影响》，载《暨南学报》2019 年第 12 期。
[82] 李磊等：《企业异质性与中国服务业对外直接投资》，载《世界

经济》2017 年第 11 期。
［83］李梅、余天骄：《东道国制度环境与海外并购企业的创新绩效》，载《中国软科学》2016 年第 11 期。
［84］李诗、吴超鹏：《中国企业跨国并购成败影响因素实证研究——基于政治和文化视角》，载《南开管理评论》2016 年第 3 期。
［85］李世杰等：《制度质量影响中国对“一带一路”沿线国家 OFDI 效率了吗？》，载《宏观质量研究》2021 年第 3 期。
［86］李亚波：《“一带一路”背景下企业所有制身份对海外并购的影响》，载《企业经济》2018 年第 11 期。
［87］廖凡：《欧盟外资安全审查制度的新发展及我国的应对》，载《法商研究》2019 年第 4 期。
［88］林良沛、揭筱纹：《比较视角下中国对“一带一路”国家直接投资的影响因素分析》，载《广东财经大学学报》2017 年第 1 期。
［89］刘宏：《中国对外直接投资现状、特征及存在问题》，载《海外投资与出口信贷》2017 年第 1 期。
［90］刘美玲、王佳：《政策倾斜与我国“一带一路”地区 OFDI 绩效——基于 2013～2018 年省际面板数据的实证》，载《商业经济研究》2020 年第 14 期。
［91］刘双芹、李敏燕：《制度距离对中国 OFDI 区位选择的影响》，载《河海大学学报》2018 年第 2 期。
［92］刘晓丹、衣长军：《中国对外直接投资微观绩效研究——基于 PSM 的实证分析》，载《世界经济研究》2017 年第 3 期。
［93］刘晓宁：《独资还是合资：中国企业 OFDI 股权模式选择研究》，载《东岳论丛》2019 年第 9 期。
［94］刘晓宁：《绿地投资还是跨国并购：中国企业 OFDI 模式选择研究》，载《南方经济》2019 年第 2 期。
［95］刘玉明等：《中国铁路“走出去”建设项目的关键成功因素及影

响机理研究》，载《铁道学报》2019 年第 1 期。
[96] 刘震：《英美上市公司反收购立法模式比较研究》，载《法制博览》2018 年第 4 期。
[97] 刘振林、黄凯：《制度距离对中国对外直接投资区位分布的影响研究——基于“一带一路”沿线 47 国数据的实证分析》，载《经济经纬》2019 年第 2 期。
[98] 罗鹏、秦泗霞：《中国企业对外投资进入模式的选择——基于企业异质性视角》，载《商业经济研究》2019 年第 1 期。
[99] 罗群：《技术获取型跨国并购的控制权研究》，载《科技管理研究》2013 年第 22 期。
[100] 吕萍等：《东道国工会组织对中国对外直接投资的影响研究：基于中国上市公司的数据》，载《世界经济研究》2018 年第 9 期。
[101] 吕越等：《“一带一路”倡议的对外投资促进效应——基于 2005—2016 年中国企业绿地投资的双重差分检验》，载《经济研究》2019 年第 9 期。
[102] 马广奇、王瑾：《中国企业对“一带一路”沿线国家直接投资的绩效研究》，载《财会通讯》2019 年第 5 期。
[103] 倪中新等：《我国企业的“走出去”战略成功吗？——中国企业跨国并购绩效的测度及其影响因素的实证研究》，载《国际贸易问题》2014 年第 8 期。
[104] 潘镇、金中坤：《双边政治关系、东道国制度风险与中国对外直接投资》，载《财贸经济》2015 年第 6 期。
[105] 裴秋蕊、卢进勇：《中国对外直接投资动机趋势变化研究——基于单边引力模型及面板数据的实证分析》，载《经济问题探索》2019 年第 7 期。
[106] 彭冬冬、林红：《不同投资动因下东道国制度质量与中国对外直接投资——基于“一带一路”沿线国家数据的实证研究》，载

《亚太经济》2018 年第 2 期。

［107］祁春凌、邹超：《东道国制度质量、制度距离与中国的对外直接投资区位》，载《当代财经》2013 年第 7 期。

［108］钱进、王庭东：《“一带一路”倡议、东道国制度与中国的对外直接投资——基于动态面板数据 GMM 的经验考量》，载《国际贸易问题》2019 年第 3 期。

［109］邱龙宇：《东盟制度质量对中国对外直接投资的影响研究》，载《学习与探索》2020 年第 12 期。

［110］曲智、杨碧琴：《“一带一路”沿线国家的制度质量对中国对外直接投资的影响》，载《经济与管理研究》2017 年第 11 期。

［111］任康钰、刘婷：《中国对欧盟成员国直接投资的动因研究》，载《区域与全球发展》2022 年第 4 期。

［112］任思雨等：《对外直接投资、制度环境与绿色全要素生产率——基于广义分位数与动态门限面板模型的实证研究》，载《国际商务（对外经济贸易大学学报）》2019 年第 3 期。

［113］沙文兵：《对外直接投资、逆向技术溢出与国内创新能力——基于中国省际面板数据的实证研究》，载《世界经济研究》2012 年第 3 期。

［114］沈坤荣、金刚：《制度差异、“一带一路”倡议与中国大型对外投资——基于投资边际、模式与成败的三重视角》，载《经济理论与经济管理》2018 年第 8 期。

［115］石琳琳、常志有：《中国对 RCEP 国家直接投资的动因研究》，载《现代商业》2021 年第 34 期。

［116］施明浩：《从“显著利益”到“净收益”：论加拿大外国投资国家安全审查要件的嬗变》，载《上海对外经贸大学学报》2015 年第 5 期。

［117］宋林等：《对外直接投资与企业绩效提升》，载《经济管理》

2019 年第 9 期。

[118] 宋瑞琛：《美国外资安全审查制度的新动向与国际投资保护主义》，载《当代经济管理》2020 年第 5 期。

[119] 孙乾坤等：《企业异质性与对外直接投资区位选择——基于生产率和所有权视角的研究》，载《财贸研究》2021 年第 8 期。

[120] 唐有川：《海外直接投资对企业经营绩效的影响——基于不同投资国家的对比》，载《财会通讯》2021 年第 10 期。

[121] 田晖等：《制度因素与我国对外直接投资区位关系研究——“一带一路”倡议的调节效应》，载《经济地理》2018 年第 12 期。

[122] 田晖等：《东道国制度质量、“一带一路”倡议与我国对外直接投资区位选择》，载《统计与决策》2019 年第 11 期。

[123] 田巍、余淼杰：《企业生产率和企业“走出去”对外直接投资：基于企业层面数据的实证研究》，载《经济学（季刊）》2012 年第 2 期。

[124] 田旭：《欧盟个人数据保护法的全球影响成因与启示》，载《江西财经大学学报》2020 年第 4 期。

[125] 田泽等：《中国对 RCEP 框架内 13 国 OFDI 效率评价研究及影响因素分析》，载《工业技术经济》2021 年第 11 期。

[126] 王宝成等：《我国国有企业海外投资面临的政策壁垒及应对措施研究》，载《国际贸易》2022 年第 3 期。

[127] 王碧珺等：《融资约束是否抑制了中国民营企业对外直接投资》，载《世界经济》2015 年第 12 期。

[128] 王碧珺、肖河：《哪些中国对外直接投资更容易遭受政治阻力?》，载《世界经济与政治》2017 年第 4 期。

[129] 王博君：《经济制度对中国对外直接投资的影响——以“一带一路”沿线国家数据为例》，载《湖南社会科学》2019 年第

1 期。

[130] 王方方、赵永亮：《企业异质性与对外直接投资区位选择——基于广东省企业层面数据的考察》，载《世界经济研究》2012 年第 2 期。

[131] 王国军、王德宝：《我国海外投资保险制度优化研究——基于政治风险防控的视角》，载《金融与经济》2016 年第 6 期。

[132] 王金波：《双边政治关系、东道国制度质量与中国对外直接投资的区位选择——基于 2005 ~2017 年中国企业对外直接投资的定量研究》，载《当代亚太》2019 年第 3 期。

[133] 王培志等：《制度因素、双边投资协定与中国对外直接投资区位选择——基于“一带一路”沿线国家面板数据》，载《经济与管理评论》2018 年第 1 期。

[134] 王晓颖：《东道国自然资源禀赋、制度禀赋与中国对 ASEAN 直接投资》，载《世界经济研究》2018 年第 8 期。

[135] 王孝钰、郝莉莉：《企业参与“一带一路”沿线投资的影响因素及投资绩效研究》，载《经济经纬》2021 年第 2 期。

[136] 王颖等：《中国对“一带一路”沿线国家直接投资的影响因素研究——基于东道国制度环境因素》，载《国际贸易问题》2018 年第 1 期。

[137] 王永钦等：《中国对外直接投资区位选择的决定因素：制度、税负和资源禀赋》，载《经济研究》2014 年第 12 期。

[138] 文淑惠、胡琼：《制度距离、相邻效应与中国对中南半岛国家的直接投资》，载《国际商务（对外经济贸易大学学报）》2019 年第 3 期。

[139] 吴冰等：《母国区域导向、市场地位导向与企业绩效的关系研究》，载《管理评论》2017 年第 11 期。

[140] 吴建祖、郑秋虾：《东道国环境规制与中国对外直接投资动

因——来自“一带一路”沿线国家的经验证据》，载《兰州大学学报（社会科学版）》2020 年第 4 期。
[141] 吴俊等：《目标国营商环境对中国对外直接投资的促进效应与影响机理分析》，载《世界经济研究》2020 年第 12 期。
[142] 吴先明、黄春桃：《中国企业对外直接投资的动因：逆向投资与顺向投资的比较研究》，载《中国工业经济》2016 年第 1 期。
[143] 吴小节、马美婷：《制度距离对海外并购绩效的影响机制——并购经验与政治关联的调节作用》，载《国际商务研究》2022 年第 2 期。
[144] 协天紫光、樊秀峰：《投资便利化建设是否促进了中国对外直接投资——基于东道国异质性的门槛检验》，载《国际商务（对外经济贸易大学学报）》2019 年第 6 期。
[145] 邢政君、陈波：《印度外国投资国家安全审查制度及其影响》，载《亚太经济》2019 年第 4 期。
[146] 邢政君、程慧：《欧盟外资安全审查制度改革与中国的战略应对》，载《国际经济合作》2022 年第 1 期。
[147] 徐晨、孙元欣：《外资安全国家审查制度国际比较与借鉴》，载《上海经济研究》2018 年第 8 期。
[148] 徐琴：《中国企业海外并购绩效评价实证研究》，载《贵州财经大学学报》2018 年第 5 期。
[149] 徐涛等：《“母国偏好”之谜的理论、实证及发展——一个文献综述》，载《上海金融》2014 年第 2 期。
[150] 徐新华：《中国对外直接投资绩效评价体系构建研究》，载《河南社会科学》2020 年第 1 期。
[151] 严兵、郭少宇：《产业政策与对外直接投资——来自中国上市公司的证据》，载《国际贸易问题》2021 年第 11 期。
[152] 杨波等：《企业所有制能否影响中国企业海外并购的成败》，载

《国际贸易问题》2016 年第 7 期。
[153] 杨波、张佳琦：《海外并购与绿地投资选择研究：基于企业异质性视角》，载《国际贸易问题》2017 年第 12 期。
[154] 杨栋旭、于津平：《东道国外商投资壁垒与中国企业大型对外投资——基于投资边际、模式与成败三重视角》，载《国际经贸探索》2022 年第 5 期。
[155] 杨娇辉等：《破解中国对外直接投资区位分布的“制度风险偏好”之谜》，载《世界经济》2016 年第 11 期。
[156] 杨利红、袁鸿超：《制度距离对企业海外并购绩效的影响研究——基于海外并购经验、双边投资合作关系的调节作用》，载《财会通讯》2021 年第 8 期。
[157] 杨连星等：《对外直接投资如何影响企业收益？》，载《世界经济研究》2021 年第 1 期。
[158] 杨其静、谭曼：《中国企业对外直接投资的区位选择——基于专用性投资与比较制度优势的视角》，载《财贸经济》2022 年第 5 期。
[159] 杨先明、王巧然：《中国企业海外能源投资的区位导向：资源禀赋、发展水平抑或制度距离？》，载《经济与管理研究》2018 年第 6 期。
[160] 杨亚平、李腾腾：《东道国营商环境如何影响中国企业对外直接投资选址》，载《产经评论》2018 年第 3 期。
[161] 杨亚平、杨姣：《合法性获取、组织学习和中国企业对外直接投资成功率》，载《暨南学报（哲学社会科学版）》2020 年第 10 期。
[162] 杨勇等：《文化距离对中国对外直接投资企业经营绩效影响研究——基于制造业上市公司微观数据的实证分析》，载《国际贸易问题》2018 年第 6 期。

[163] 杨忠敏等：《知识产权制度距离与外向对外直接投资——以“一带一路”沿线国家为例》，载《科研管理》2019 年第 5 期。
[164] 叶亚杰：《制度距离视角下中国企业对外直接投资研究》，载《河南社会科学》2017 年第 6 期。
[165] 衣长军等：《制度距离对 OFDI 企业创新绩效影响研究：基于组织学习的调节效应》，载《世界经济研究》2018 年第 5 期。
[166] 余菁等：《国家安全审查制度与“竞争中立”原则——兼论中国国有企业如何适应国际社会的制度规范》，载《中国社会科学院研究生院学报》2014 年第 3 期。
[167] 余鹏翼等：《双边投资协定促进了中国对外直接投资吗——兼论对中美 BIT 谈判的启示》，载《国际经贸探索》2019 年第 1 期。
[168] 袁保生等：《双边条约对中国对外直接投资的影响机制研究——基于“一带一路”沿线国家的面板分位数实证分析》，载《国际商务（对外经济贸易大学学报）》2020 年第 6 期。
[169] 袁保生、王林彬：《国际投资规则、投资风险与投资成效》，载《统计与决策》2021 年第 3 期。
[170] ［英］约翰·H. 邓宁、［荷］萨琳安娜·M. 伦丹：《跨国公司与全球经济》（第 2 版），马述忠等译，中国人民大学出版社 2016 年版。
[171] 张海伟等：《东道国制度质量与中国对外直接投资——基于“一带一路”视角》，载《华东经济管理》2022 年第 1 期。
[172] 张吉鹏等：《多维距离与中国企业对“一带一路”沿线国家直接投资绩效关系研究》，载《亚太经济》2020 年第 3 期。
[173] 张倩等：《双边政治关系、东道国制度环境与中国 OFDI 区位选择——基于“一带一路”沿线国家的研究》，载《国际经贸探索》2019 年第 6 期。
[174] 张晓权：《“一带一路”沿线国投资法律风险及其防范》，载

《煤炭经济研究》2019 年第 9 期。
[175] 张亚斌：《“一带一路”投资便利化与中国对外直接投资选择——基于跨国面板数据及投资引力模型的实证研究》，载《国际贸易问题》2016 年第 9 期。
[176] 赵君丽、童非：《并购经验、企业性质与海外并购的外来者劣势》，载《世界经济研究》2020 年第 2 期。
[177] 赵云辉等：《制度差异、二元经验与中国对外直接投资——基于 50 个“一带一路”国家和 20 个发达国家的经验证据》，载《现代财经（天津财经大学学报）》2020 年第 12 期。
[178] 赵云辉等：《中国企业对外直接投资区位选择——基于 QCA 方法的联动效应研究》，载《中国工业经济》2020 年第 11 期。
[179] 周杰琦、夏南新：《“一带一路”沿线国家投资便利化与中国对外直接投资——基于对外投资广度、深度及绩效的视角》，载《经济问题探索》2021 年第 11 期。
[180] 周经、刘厚俊：《制度环境、公司战略导向与中国 OFDI 模式选择——基于中国微观企业数据的研究》，载《世界经济与政治论坛》2017 年第 6 期。
[181] 周茂等：《企业生产率与企业对外直接投资进入模式选择——来自中国企业的证据》，载《管理世界》2015 年第 11 期。
[182] 周燕、郑涵钰：《对外扩张速度与对外投资绩效：对中国上市公司的考察》，载《国际贸易问题》2019 年第 1 期。
[183] 朱华：《国有制身份对中国企业海外竞购交易成败的影响研究》，载《世界经济研究》2017 年第 3 期。
[184] 朱华：《外来者劣势、组织学习与中国企业跨国并购意图的实现》，载《科研管理》2018 年第 8 期。
[185] 朱荃、张天华：《生产率异质性、东道国市场条件与中国企业对外直接投资》，载《国际商务（对外经济贸易大学学报）》2017

年第 3 期。
[186] 庄序莹等:《东道国税收环境与中国企业对外直接投资区位选择》, 载《财政研究》2020 年第 5 期。

附　录

中国企业对外投资进入阶段分析样本（2010～2019 年海外收购项目）

序号	收购方	目标公司	东道国	收购标的	交易金额（单位：美元）	交易结果
1	中国能源建设集团有限公司	NEFTYANAYA KOMPANIYA ROSNEFT PAO	俄罗斯	14.16% 股权	7,801,035.00	取消
2	海航集团有限公司	HILTON WORLDWIDE HOLDINGS INC.	美国	25% 股权	6,126,927.79	完成
3	天津天海投资发展股份有限公司	INGRAM MICRO INC.	美国	100% 股权	5,576,073.66	完成
4	中国冶金科工集团有限公司	RESOURCEHOUSE LTD'S POWER COAL PROJECT	澳大利亚	10% 股权	4,631,979.75	完成

续表

序号	收购方	目标公司	东道国	收购标的	交易金额（单位：美元）	交易结果
5	中国广核集团有限公司	MASTIKA LAGENDA SDN BHD	马来西亚	100% 股权	3, 803, 609. 49	完成
6	天齐锂业股份有限公司	SOCIEDAD QUIMICA Y MINERA DE CHILE SA	智利	23. 77% 股权	3, 587, 967. 51	完成
7	大连万达集团股份有限公司	LEGENDARY ENTERTAINMENT INC.	美国	100% 股权	3, 222, 056. 86	完成
8	中国石油天然气集团有限公司	ENI EAST AFRICA SPA	意大利	28. 57% 股权	3, 169, 810. 99	完成
9	中国石油化工股份有限公司	UDMURTNEFT OAO	俄罗斯	96. 9% 股权	2, 725, 800. 00	完成
10	中国长江三峡集团有限公司	EDP ENERGIAS DE PORTUGAL SA	葡萄牙	21. 35% 股权	2, 693, 187. 00	完成
11	中国化学工程集团有限公司	ADAMA AGRICULTURAL SOLUTIONS LTD	以色列	40% 股权（60% 增至 100% ）	2, 532, 657. 03	完成
12	中国银行股份有限公司	SINGAPORE AIRCRAFT LEASING ENTERPRISE LTD	新加坡	100% 股权	2, 458, 412. 00	完成
13	海航集团有限公司	SWISSPORT INTERNATIONAL AG	瑞士	100% 股权	2, 456, 878. 07	完成
14	湖北沙隆达股份有限公司	ADAMA AGRICULTURAL SOLUTIONS LTD	以色列	100% 股权	2, 390, 314. 70	完成
15	中国石化国际石油勘探开发公司	DAYLIGHT ENERGY LTD	加拿大	100% 股权	2, 251, 287. 33	完成

续表

序号	收购方	目标公司	东道国	收购标的	交易金额（单位：美元）	交易结果
16	中国华能集团公司	INTERGEN NV	英国	50%股权	2, 216, 630. 93	完成
17	中国石化国际石油勘探开发公司	APACHE CORPORATION'S EGYPTIAN OIL AND GAS BUSINESS	埃及	33%股权	2, 187, 901. 17	完成
18	中国平安保险（集团）股份有限公司	FORTIS INVESTMENT MANAGEMENT	比利时	50%股权	2, 150, 000. 00	取消
19	中国石油天然气勘探开发公司	PETROKAZAKHSTAN INC.	加拿大	67%股权	2, 114, 935. 51	完成
20	中国石油天然气集团有限公司	PETROBRAS ENERGIA PERU SA	秘鲁	100%股权	2, 100, 207. 44	完成
21	大连万达集团股份有限公司	AMC ENTERTAINMENT HOLDINGS INC.	美国	100%股权	2, 065, 236. 96	完成
22	兖州煤业股份有限公司	FELIX RESOURCES LTD	澳大利亚	100%股权	2, 044, 634. 15	完成
23	中国长江三峡集团有限公司	WINDMW GMBH	德国	80%股权	1, 700, 000. 00	完成
24	上海莱士血液制品股份有限公司	GRIFOLS DIAGNOSTIC SOLUTIONS INC.	美国	45%股权	1, 685, 802. 24	完成
25	上海电力股份有限公司	K – ELECTRIC LTD	巴基斯坦	66. 4%股权	1, 604, 162. 57	取消

续表

序号	收购方	目标公司	东道国	收购标的	交易金额（单位：美元）	交易结果
26	洛阳栾川钼业集团股份有限公司	ANGLO AMERICAN PLC'S NIOBIUM AND PHOSPHATE BUSINESS IN BRAZIL	巴西	100% 股权	1, 523, 161. 07	完成
27	浙江吉利控股集团	VOLVO PERSONVAGNAR HOLDING AB	塞内加尔	100% 股权	1, 377, 997. 40	完成
28	中国五矿集团有限公司	OZ MINERALS LTD	澳大利亚	100% 股权	1, 335, 471. 94	取消
29	上海锦江国际酒店发展股份有限公司	GROUPE DU LOUVRE SASU	法国	100% 股权	1, 300, 000. 00	完成
30	湖北能源集团股份有限公司	EMPRESA DE GENERACION HUALLAGA SA	秘鲁	100% 股权	1, 263, 651. 60	完成
31	中国石油化工股份有限公司	SIBUR KHOLDING PAO	俄罗斯	10% 股权	1, 230, 031. 68	完成
32	烟台万华聚氨酯股份有限公司	BORSODCHEM ZRT	匈牙利	62% 股权（38% 增至 100%）	1, 230, 000. 00	完成
33	中国石油化工集团公司	SIBUR KHOLDING PAO	俄罗斯	10% 股权	1, 228, 195. 82	完成
34	中国长江三峡集团有限公司	DUKE ENERGY CORPORATION'S BRAZILIAN BUSINESS	巴西	100% 股权	1, 151, 883. 66	完成

续表

序号	收购方	目标公司	东道国	收购标的	交易金额（单位：美元）	交易结果
35	鹍骐科技（北京）股份有限公司	OPERA SOFTWARE ASA	挪威	100% 股权	1, 122, 071. 27	取消
36	中国能源建设集团有限公司	J &T FINANCE GROUP SE	捷克	40. 1% 股权（9. 9% 增至 50%）	1, 062, 594. 68	取消
37	大连万达集团股份有限公司	INFRONT SPORTS & MEDIA AG	瑞士	68. 2% 股权	1, 050, 000. 00	完成
38	银亿房地产股份有限公司	PUNCH POWERTRAIN NV	比利时	100% 股权	1, 000, 000. 00	完成
39	科瑞集团有限公司	BIO PRODUCTS LABORATORY HOLDINGS LTD	英国	100% 股权	968, 220. 77	完成
40	北京市燃气集团有限责任公司	VERKHNECHONSKNEFTEGAZ PAO	俄罗斯	20% 股权	966, 801. 47	完成
41	中粮集团有限公司	NIDERA CAPITAL BV	荷兰	51% 股权	942, 176. 20	完成
42	紫金矿业集团股份有限公司	CONTINENTAL GOLD INC.	加拿大	100% 股权	939, 080. 48	完成
43	大连万达集团股份有限公司	DICK CLARK PRODUCTIONS LLC	美国	100% 股权	938, 764. 29	取消
44	中国化学工程集团有限公司	KRAUSSMAFFEI TECHNOLOGIES GMBH	德国	100% 股权	925, 000. 00	完成
45	中国泛海控股集团	INTERNATIONAL DATA GROUP INC.	美国	100% 股权	924, 650. 77	完成

续表

序号	收购方	目标公司	东道国	收购标的	交易金额（单位：美元）	交易结果
46	上海电力股份有限公司	K – ELECTRIC LTD	巴基斯坦	66.4%股权	888,538.30	取消
47	金石投资有限公司	BAYER AG'S DIABETES DEVICE BUSINESS	德国	100%股权	887,055.71	取消
48	光明食品（集团）有限公司	WEETABIX LTD	英国	60%股权	874,619.30	完成
49	光明食品（集团）有限公司	TNUVA FOOD INDUSTRIES LTD	以色列	76.85%股权	862,621.90	完成
50	立讯精密工业股份有限公司	ZF FRIEDRICHSHAFEN AG'S BODY CONTROL SYSTEMS UNIT	德国	100%股权	859,254.00	完成
51	山东黄金矿业股份有限公司	BARRICK GOLD CORPORATION'S VELADERO GOLD MINE LOCATED IN ARGENTINA	阿根廷	50%股权	841,220.16	完成
52	海航集团有限公司	GENERAL ELECTRIC CO.'S EUROPE-AN TRAILER – LEASING UNIT	英国	100%股权	800,000.00	完成
53	中国石化国际石油勘探开发公司	CHESAPEAKE ENERGY CORPORATION'S ASSETS IN MISSISSIPPI LIME PLAY IN NORTHERN OKLAHOMA	美国	50%股权	782,566.11	完成
54	中国铝业股份有限公司	SOUTHGOBI RESOURCES LTD	加拿大	60%股权	744,067.21	取消

续表

序号	收购方	目标公司	东道国	收购标的	交易金额（单位：美元）	交易结果
55	三胞集团有限公司	DENDREON PHARMACEUTICALS INC.	美国	100% 股权	720, 618. 66	完成
56	中国航空汽车系统控股有限公司	HENNIGES AUTOMOTIVE HOLDINGS INC.	美国	100% 股权	713, 784. 07	完成
57	光明食品（集团）有限公司	WEETABIX LTD	英国	增持股权至 100%	712, 218. 89	完成
58	中国石油天然气集团有限公司	INEOS GROUP HOLDINGS PLC AND PETROCHINA COMPANY LTD'S TRADING AND REFINING JOINT VENTURE	英国	增持股权至 100%	700, 232. 56	完成
59	中国海洋石油总公司	REPSOL – YPF SA'S INDONESIAN ASSETS	印尼	100% 股权	664, 481. 22	完成
60	中国工商银行	STANDARD BANK PLC	英国	60% 股权	611, 405. 55	完成
61	大连万达集团股份有限公司	WORLD ENDURANCE HOLDINGS INC.	美国	100% 股权	609, 754. 72	完成
62	风神轮胎股份有限公司	PROMETEON TYRE GROUP SRL	意大利	增持股权至 100%	592, 651. 56	取消

续表

序号	收购方	目标公司	东道国	收购标的	交易金额（单位：美元）	交易结果
63	中国蓝星（集团）股份有限公司	SSANGYONG MOTOR CO.，LTD	韩国	48.92% 股权	567, 910.00	取消
64	苏州东山精密制造股份有限公司	MULTI – FINELINE ELECTRONIX INC.	美国	100% 股权	555, 123.74	完成
65	南京新街口百货商店股份有限公司	HIGHLAND GROUP HOLDINGS LTD	英国	89% 股权	540, 480.89	完成
66	国家电网国际发展有限公司	SP AUSNET	澳大利亚	19.9% 股权	536, 977.92	完成
67	上海飞乐音响股份有限公司	OSRAM LICHT AG'S GENERAL LAMP BUSINESS	德国	100% 股权	500, 000.00	取消
68	三一重工股份有限公司	PUTZMEISTER HOLDING GMBH	德国	100% 股权	500, 000.00	完成
69	中航工业机电系统股份有限公司	HILITE INTERNATIONAL INC.	美国	100% 股权	473, 000.00	完成
70	招商局集团有限公司	LOSCAM LTD	澳大利亚	100% 股权	470, 165.93	完成
71	广田控股集团有限公司	PERMASTEELISA SPA	意大利	100% 股权	467, 000.00	取消
72	潍柴动力股份有限公司	KION GROUP GMBH	德国	股权增持 25%	467, 000.00	完成
73	西王食品股份有限公司	EMERALD GRAIN PTY LTD	澳大利亚	80% 股权	445, 186.06	完成

续表

序号	收购方	目标公司	东道国	收购标的	交易金额（单位：美元）	交易结果
74	国投矿业投资有限公司	ARAB POTASH COMPANY	约旦	27.959%股权	437, 575. 58	完成
75	海航集团有限公司	NH HOTELES SA	西班牙	股权增持20%	431, 581. 00	取消
76	海航集团有限公司	AZUL LINHAS AEREAS BRASILEIRAS SA	巴西	23.7%股权	423, 181. 70	完成
77	中国蓝星（集团）股份有限公司	DRAKKAR HOLDINGS SA	比利时	100%股权	412, 250. 00	完成
78	海南航空股份有限公司	AZUL SA	巴西	23.7%股权	403, 593. 93	完成
79	北京万东医疗装备股份有限公司	ESAOTE SPA	意大利	100%股权	400, 000. 00	完成
80	上海电力股份有限公司	ANSALDO ENERGIA SPA	意大利	40%股权	400, 000. 00	完成
81	中国蓝星（集团）股份有限公司	RHODIA SA'S SILICON PRODUCTS MANUFACTURING DIVISION	法国	100%股权	400, 000. 00	完成
82	中国化工集团公司	ADISSEO FRANCE SAS	法国	100%股权	400, 000. 00	完成
83	海航集团有限公司	UDC FINANCE LTD	新西兰	100%股权	398, 353. 79	取消
84	山东如意科技集团有限公司	CUBBIE GROUP PTY LTD	澳大利亚	100%股权	397, 160. 95	完成

续表

序号	收购方	目标公司	东道国	收购标的	交易金额（单位：美元）	交易结果
85	上海市糖业烟酒（集团）有限公司	MANASSEN FOODS AUSTRALIA PTY LTD	澳大利亚	75% 股权	395, 821. 31	完成
86	博华资产管理有限公司	DEXIA ASSET MANAGEMENT BELGIUM SA	比利时	100% 股权	380, 000. 00	取消
87	京东方科技集团股份有限公司	HYNIX SEMICONDUCTOR INC. 'S TFT LCD BUSINESS	韩国	100% 股权	354, 160. 00	完成
88	美锦能源集团有限公司	WESTERN DESERT RESOURCES LTD	澳大利亚	100% 股权	347, 752. 37	取消
89	万达电影院线股份有限公司	HG HOLDCO PTY LTD	澳大利亚	100% 股权	332, 035. 40	完成
90	中国石油天然气国际有限公司	VERENEX ENERGY INC.	加拿大	100% 股权	321, 060. 72	取消
91	万丰航空工业有限公司	DIAMOND AIRCRAFT INDUSTRIES GMBH	奥地利	100% 股权	320, 000. 00	完成
92	国家电网国际发展有限公司	INDEPENDENT POWER TRANSMISSION OPERATOR SA	希腊	24% 股权	320, 000. 00	完成
93	紫金矿业集团股份有限公司	RTB BOR DOO	塞尔维亚	63% 股权	308, 408. 02	完成
94	武汉钢铁有限公司	MMX MINERACAO E METALICOS SA	巴西	股权增持 21. 52%	297, 613. 12	完成

续表

序号	收购方	目标公司	东道国	收购标的	交易金额（单位：美元）	交易结果
95	大连天神娱乐股份有限公司	AVAZU INC.	文莱	100% 股权	295, 127. 71	完成
96	中国石油天然气股份有限公司	DEVON ENERGY CORPORATION'S INDONESIAN OIL AND GAS ASSETS	印尼	100% 股权	291, 894. 20	完成
97	株洲时代新材料科技股份有限公司	ZF FRIEDRICHSHAFEN AG'S RUBBER AND PLASTICS DIVISION	德国	100% 股权	290, 000. 00	完成
98	锦江国际（集团）有限公司	ACCOR SA	法国	股权增持至 14. 97%	289, 643. 00	完成
99	潍柴动力股份有限公司	LINDE HYDRAULICS GMBH & CO. KG	德国	70% 股权	271, 000. 00	完成
100	上海复星医药（集团）股份有限公司	CHINDEX INTERNATIONAL INC.	美国	100% 股权	267, 109. 39	取消
101	三诺生物传感股份有限公司	NIPRO DIAGNOSTICS INC.	美国	100% 股权	253, 316. 70	完成
102	湖南大康国际农业食品股份有限公司	FIAGRIL PARTICIPACOES SA	巴西	57. 57% 股权	252, 530. 37	完成
103	中国化学工程集团有限公司	QENOS PTY LTD	澳大利亚	100% 股权	248, 501. 85	完成
104	中润资源投资股份有限公司	MONGOLIA NEW LA LE GAOTE IRON MINING CO. , LTD	蒙古	100% 股权	241, 044. 48	取消

续表

序号	收购方	目标公司	东道国	收购标的	交易金额（单位：美元）	交易结果
105	国投电力控股股份有限公司	REPSOL NUEVAS ENERGIAS UK LTD	英国	100%股权	238, 000. 00	完成
106	中国建设银行	WESTLB AG'S BRAZIL ASSETS	巴西	100%股权	236, 333. 00	完成
107	山东天业恒基股份有限公司	SHANDONG TIANYE GROUP BID CO PTY LTD	澳大利亚	100%股权	234, 554. 66	取消
108	海航集团有限公司	NH HOTELES SA	西班牙	股权增持 20%	234, 287. 00	完成
109	中国工商银行	TEKSTIL BANKASI SA	土耳其	75. 5%股权	232, 349. 58	完成
110	智度股份海外子公司	SPIGOT INC.	美国	100%股权	224, 397. 60	完成
111	四川长虹电器股份有限公司	STEROPE INVESTMENTS BV	荷兰	75%股权	210, 370. 68	完成
112	中国平安人寿保险股份有限公司	TSUMURA & COMPANY	日本	股权增持 10. 039%	205, 654. 31	完成
113	广东海印集团股份有限公司	FIBRANT BV	荷兰	100%股权	200, 000. 00	完成

致　谢

回首交大的十年求学之路，充满欢笑与收获，也不乏艰辛与曲折。幸得老师和同学们的鼎力扶持，终于圆满完成学业。毕业在即，交大严谨治学的精神、知行合一的学风，老师谆谆教诲的恩泽、同学倾心相助的情谊，萦绕于怀，铭记在心！

感谢王灏教授教给我治学的方法，为我指引研究的方向。感谢李孟刚教授为我安排充实的学习研究活动。当我在求学后期遇到困境时，感谢李孟刚教授和李娟老师及时给予支持与帮助，使我的学业得以继续。

感谢李文兴教授在我预答辩期间及时洞悉我研究选题存在的弊病，结合我的执业经验，为我拨云见日，重新指明学位论文研究的方向。感谢李文兴教授在我后续研究过程中悉心教导、答疑解惑，指导我不断完善论文，提升研究成果的实用性和可靠性。

感谢南开大学葛顺奇教授倾囊相授，其渊博的学识、严谨的治学态度、谦和的学者风范，令我深感钦佩也受益匪浅。

感谢荣朝和教授、李红昌教授、周耀东教授、卜伟教授、张娜副教授、北京大学郭雳教授、北京科技大学何维达教授、中国人民大学许光建教授、对外经济贸易大学黄晓玲教授等给予的指点及学术建议。

感谢我的领导彭雪峰先生在工作和学习中给予我莫大的支持与帮助，其在绝境中坚韧不屈的意志力，犹如一座灯塔，指引我走出至暗时刻，砥砺前行。

感谢我的师兄马江涛先生、周智德先生在我最需要帮助时给予我最强有力的支持。感谢我的同学及挚友刘晓飞、李卫平、赵媛媛、王睿哲、李文锐、滕梓源、韩舒怡、李然等给予的鼎力支持、帮助和鼓励！

感谢我家人的默默付出和支持。我的家人是我永远的后盾，我的孩子是我坚持的动力。本文草就之时恰逢我人生的至暗时刻，撰写论文是我忘却伤痛的疗愈之路，也是实现夙愿的圆梦之路。作为凡人，我们既然无法避免苦难的发生，不如拥抱苦难、转为道用。

庆幸从而立到不惑的十年间，与博士课程的学习相伴度过。感恩生命中遇到的所有给予我帮助的人们，你们成就了不一样的我。

生活并非一帆风顺，但阳光总会照亮前行之路！

瞿　霞

2023 年 2 月于北京交通大学